KINZAI バリュー叢書

実践!「現場営業力」強化セミナー

A.T. カーニー
髙橋　昌裕［著］

一般社団法人金融財政事情研究会

はじめに

前著『ザ・地銀――構造不況に打ち克つ長期ビジョン経営』（2014年・金融財政事情研究会）は、本書執筆時点で第9刷と、嬉しいことに、たくさんの地域金融機関の皆様に読んでいただくことができました。本当にありがとうございます。

『ザ・地銀』では、「将来を見据える」「足元を強化する」の両側面から、地方銀行のあり方について私見を述べてみました。

出版の翌年以降、『ザ・地銀』には盛り込めていない新しいテーマである、フィンテックや、AI（人工知能）というキーワードが急速に盛り上がってきたため、あらためて、地域金融機関の将来像に思いをめぐらせてみました。大きな変化も想定されますが、さまざまなデジタル化が進むからこそ、アナログの世界として「お客様との接点」が重要性を増し、地域金融機関の存在意義を守る砦になるだろう、との思いを強くしたところです。

ひるがえって、いまの地域金融機関は、その「お客様との接点」が弱まっているのではないでしょうか。お客様のことよりも、業績目標の数字に意識が向いている。こんなことが、全国で起こっているように見えています。

こうした問題意識が、本書執筆の出発点にあります。

そこで、『ザ・地銀』の「法人営業戦略」の内容をベースに、「お客様との接点」の最前線にいる支店長を主な読者と想定して、現場営業力の強化について、より具体的に、わかりやすくお伝えできるよう書き進めてみました。もちろん営業担当者の方が本書をお読みいただいても役立つ内容となっています。

地域金融機関の存在意義

「現場営業力の強化」が本書のテーマですが、決して「お客様の利益を無視した、刈取りマシーン」を増やしたいわけではありません。最初に少しだけ、私の基本的な目線・思いを説明しておきます。

地域金融機関は、利益を確保しにくい、大変な時代に突入しています。

しかしそれ以上に、中小企業の経営は不安定で、将来への不安を抱いています。

業績が良いときには足しげく通い、融資の獲得を目指す一方で、ひとたび業績が悪くなると疎遠になったり、回収の方法を考えたりする。見たことがある光景ですが、これではダメです。

業績が悪くなった企業は、地域金融機関が頼みの綱です。地域経済の縮小局面では、事業や再生の支援などで中小企業を正しく支えなければ、次々と倒産・廃業に追い込まれてしまうでしょう。それは、地域の将来の芽を摘み取っていることであり、地域金融機関自身の将来の可能性を消し去っていることでもあります。

地域の将来のために、

業績が良い企業にも、悪くなった企業にも、寄り添っていく

これが、いつの時代になっても、地域金融機関に求められることではないでしょうか。

地域金融機関が、どういうスタンスで地元企業に接しているかは、地域の人たちはよく見ています。本編で触れますが、融資という商品自体での差別化はむずかしくなっています。そのなかで、「地域を守ってくれる、地域に必要不可欠な存在」と評価された金融機関が、取引（シェア）を増やしていくことでしょう。

キレイごと、と思われてしまうかもしれませんが、これが私の地域金融機関への期待であり、本書の根底に流れる思想です。

2016年8月

髙橋　昌裕

目次

第2章 現場営業力を〝アップしよう〟 33

第3章　お客様の理解（U）　41

第5章 スキルの強化（S）

第 1 章

営業現場を取りまく環境

本書では、中小企業への対応に焦点を当て、現場営業力の強化について考えていきます。最初に、このテーマを考えるにあたって前提として理解しておきたい、地域金融機関・営業現場を取りまく環境について確認しておきます。

1 地域金融機関の内部で起こっていること

支店長として、毎月・毎日、多くの業務や数字に追われて、「恵まれない環境にある」と思うことはあるでしょうか。しかしそれは、「特別なこと」ではなく、多くの地域金融機関に共通している「一般的な姿」かもしれません。

◇高まる期待

地域金融機関は、利益を稼ぎにくい構図に陥っており、資金利益も低下が続いています。資金利益の約7割~8割を占める「貸出関連利益」は、貸出残高こそ伸びているものの、貸出利鞘（%。貸出金利回りから、資金調達原価を引いたもの）が10年間で約半減（地銀・第二地銀の場合。信用金庫は約3割減）しているため、増加に結びついていません。新規契約の貸出金利は、

2016年2月からのマイナス金利政策の影響を受けて、さらに低下しており、厳しい状況は続きます。

「有価証券関連利益」は、市場の動向次第という面もありますが、保有有価証券の約4割(同、約2割)が日本国債となっており、こちらもマイナス金利政策以降、日本国債の金利が落ち込んでいる影響を受けてしまいます。

いずれにしても、この先の収益状況を楽観的にとらえることはむずかしく、現場営業力の向上・営業現場への期待は、さらに高まっていくと想定されます。

◇厳しい現実

営業現場への期待が高まる一方で、支店長の頭を悩ませる、さまざまな問題が起きています。代表的なものを見てみましょう。

① 人の問題

・頭数の不足……人員の集約・シフトが進められたものの、まだ営業担当者が足りない
・経験の不足……支店行員の年齢層が下がり、経験の乏しい営業担当者が増えてきた
・リーダー不在……過去の採用抑制の影響を受け、若手を引っ張る中堅リーダー層がいない
・温度差の存在……若い営業担当者との温度差を感じ、思うように指導できない

② 業務の問題

・時間の制約……残業圧縮・持ち帰り禁止が厳命されているため、稼働可能な時間が短い
・事務の負担……事務や手続にかかる時間が増え、営業活動の時間が浸食されている

③ 営業活動の問題

・スキルの低下……営業担当者は、経験不足もあり、中小企業・実権者への対応力が弱い
・育成機会の不足……同行訪問をしてあげたいが、その時間を思うように確保できない
・種まきの不足……当期目標の達成に向けた、短期的視点での活動にしか時間が使えていない
・雰囲気の悪化……数字が思うように伸びず、支店の雰囲気がピリピリしている

さて、皆さんの支店と比べてどうですか。多くの項目で当てはまったのではないでしょうか。

営業力を強化するために、いまも尽力していると思います。しかし、これだけ厳しい環境にあると、同じやり方のままで「もっと頑張ろう」では、伸ばせる余地も限定的なように思います。

2 お客様にとっての金融・金融機関

◇「融資のコモディティ化」の意味するところ

次に、お客様にとっての金融や金融機関について見ておきましょう。

まず目線をあわせておきたいのは、「融資そのもの」での差別化はむずかしい、ということです。ことの是非や真偽は置いといたとして、お客様から「どこでお金を借りたって一緒だから、金利が安いところから借りるよ」と言われたことはあると思います。

商品・サービスを購入する際に、私たちは「機能ゾーン」と「ブランドゾーン」の2つの側面で判断しています（阪本啓一『つまりこういうことだ！　ブランドの授業』）。「機能ゾーン」とは商品・サービスがしてくれること、「ブランドゾーン」とはプラスアルファの付加価値のことです。

車を買う場合で考えてみましょう。走行性能や燃費、搭乗人数、収納スペースなどは「機能ゾーン」です。一方で、車体デザインやメーカー名は「ブランドゾーン」になります。

このように、1つの商品・サービスのなかに「機能ゾーン」と「ブランドゾーン」は混在していて、ものによって、どちらを重視して購入の意思決定がされるかが違っています。

では、融資はどうでしょうか。

貸付形態・金額・金利・期間・担保など、融資という商品自体は、ほとんどが「機能ゾーン」にかかわるものです。しかも、金融機関による差異を生み出しにくい領域です。「機能ゾーン」が多くを占め、差異もつくりにくいことから、「融資はコモディティ化（差別化要素がないこと）している」と言われています。


しかし、これには補足が必要です。

融資自体はコモディティ化していますが、一方で、中小企業の実権者は「機能ゾーン」だけで借入れを判断しているわけではありません。これまでの関係や、感謝したこと、役に立ったことなど、「ブランドゾーン」に当たる部分も含めて決めています（もちろん、プラス面だけでなく、マイナス面も含めて判断しています）。

ある、地域の二番手行の支店長がこんなことを言っていました。「自分たちは、金利勝負になったらトップバンクにかなわないことも多い。だからといって負けるのも格好が悪い。そこで、融資の話が出てくるより前に、社長とたくさん会話し、徳を積み、価値を感じてもらえるよ

図表1－1　融資のコモディティ化

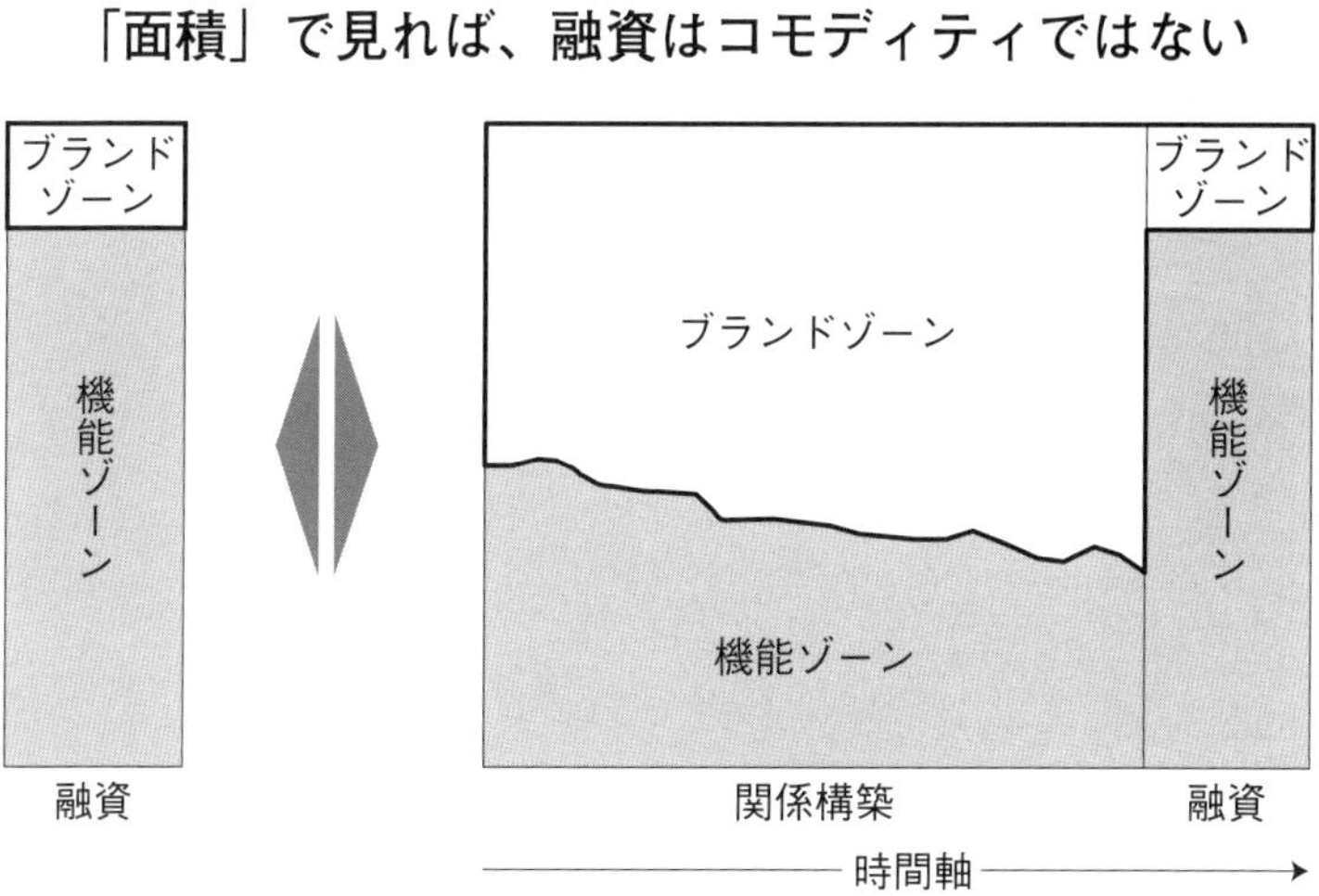

（出所）阪本啓一『つまりこういうことだ！　ブランドの授業』をヒントに、著者作成

うにしている。常日頃から、お客様と向き合うことで、融資の一時点・商品そのものではなく、過去からの面積で判断をしてもらうよう心がけている」。

この支店長は、融資を「ブランドゾーン」での判断比重が高くなるように、意識して活動をしていたわけです。

先ほど、「融資はコモディティ化している」と話しました。それはあくまでも、融資という商品自体を単独で見た場合です。図表1－1のように、融資に至るまでの関係構築を含めた「面積」で見れば、決してコモディティではありません。さらに言えば、融資を「機能ゾーン」だけでの勝負（＝どの金融機関も「ブランドゾーン」に当たる付加価値に乏しいため、お客様は、金利など条件で決めるしかない状態）にしてはなりません。

◇会社・事業のことを理解してほしい

2015年後半から、金融庁（財務局・財務事務所）は、金融機関の取組みの実態を把握するために、主として中規模・中小企業に対して「企業ヒアリング」を実施しています。そのなかからも、現場営業力の強化を考えるうえで知っておくべきことを確認しておきましょう。

【企業ヒアリングについて】

［趣旨・目的］（「企業ヒアリング中間報告」より）

●金融庁は、金融機関に対し、担保・保証に依存しない企業の事業性評価に基づく融資や、企業の経営改善・生産性向上等の支援に積極的に取り組むよう促している。

●他方、地域の中小企業等からは、依然として「金融機関の対応は何も変わっていない」「相変わらず担保・保証に依存している」といった厳しい意見が多く聞かれる。

●以上を踏まえ、金融機関の取組みの実態を把握するため、財務局及び財務事務所による企業ヒアリングを実施。

「企業ヒアリング」では、メインバンクの選択理由として、〝貴社や事業に対する理解〟が一番

図表１－２　企業ヒアリング①

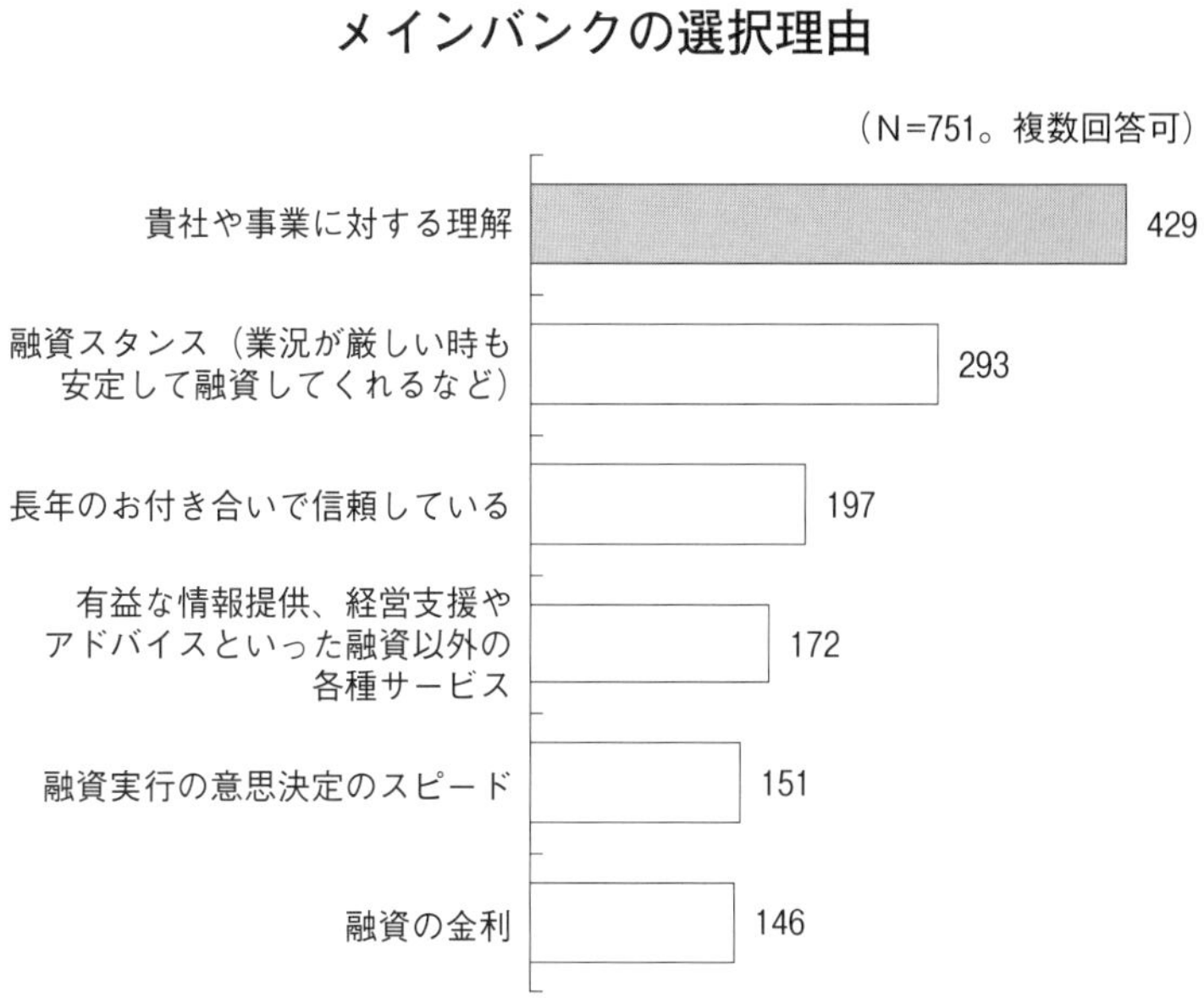

（出所）　金融庁「企業ヒアリング」

になっていました（図表１－２）。中小企業が、地域金融機関と付き合う最大の理由は、自らの事業のために、必要なタイミングで必要な資金を借りることです。融資を望みどおりに受けられるよう、自分たちのことを理解してほしい、というのは当然の欲求です。

　では、いま、営業担当者はどこまで深くお客様を理解できているでしょうか。

　私は、地域金融機関のご紹介を受けて、これまで３１７名（延べ約４００時間。本書の執筆を機に、記録をたどってみました）の中小企業の実権者の方にインタビューをしてきました。実権者の話、そして地域金融機関側の話の双方をふまえると、お客様のことを理解する力は、一昔前と比べてだいぶ落ちてしまっているように思えてなりません。

しかしこれは、営業担当者の能力が劣っているとか、サボっているからではありません。時代の流れとして、仕方がないことだと理解しています。１９８０年代後半のバブル期からは、担保主体。その後、スコアリングモデル、信用保証協会融資、住宅ローン、預り資産と、営業の主流で企業のことを深く知らなくても大丈夫な時代が、長く続きすぎました。

◇優良企業ほど付加価値を重視

「企業ヒアリング」は、債務者区分別にも結果を公表しています。

先ほどの、メインバンクの選択理由について〝貴社や事業に対する理解〟という回答を選択した割合は、

・正常先上位　60％
・正常先下位　59％
・要注意先　　51％

と、債務者区分別に見ても大きな差異はありませんでした（複数回答可。以降も同様）。

一方で、〝長年のお付き合いで信頼している〟という回答は、
・正常先上位　13％
・正常先下位　34％
・要注意先　36％
となっており、債務者区分による違いが顕著にあらわれています。同様に、〝有益な情報提供、経営支援やアドバイスといった融資以外の各種サービス〟という回答も、
・正常先上位　34％
・正常先下位　21％
・要注意先　13％
と差が見られました。

最大のニーズである「必要なタイミングで必要な資金を借りること」に不安を抱いている先ほど、これまでの付き合いがある金融機関に頼りたい気持ちがあらわれています。

反対に、他の金融機関からも借入れができると自信のある優良先は、付き合いの長さよりも、自社に有益なアドバイスをくれる金融機関かどうか、というビジネスの実利への貢献を重視しているさまがうかがえます。

メインバンクという立場や、長年の付き合いにあぐらをかくことなく、お客様を理解して、い

わゆる付加価値をどれだけ提供できるかが大事だということがわかります。

◇相手を思った情報提供が必要

情報提供の内容についても、わかりやすい結果が出ています。

図表1－3のように、お客様が欲しているのは〝業界動向〟などの情報が上位になっています。会社や事業を理解してほしい、という願望と、根は一緒のところにありそうです。

一方で、金融機関が提供しているのは、〝経済・金融・国際情勢〟や〝地域情勢〟〝金融商品に関する情報〟などと、差が出ています。

この背景には、「情報の非対称性」が弱くなったこともあるでしょう。

以前であれば、金融機関が持っている情報量は、お客様をはるかに上回っていたため、一般的な情報でも喜ばれました。しかし、いまはお客様もインターネットで簡単に情報を入手できます。そのため、お客様が「価値を認めてくれる」情報提供のハードルが上がりました。

もちろん、〝経済・金融・国際情勢〟など、多くのお客様に汎用性のある情報提供も、否定はしません。情報提供の第一歩は、ここから始まるでしょう。しかし、そこでとどまっていては、他の金融機関と差がつけられない（相手次第では、負けてしまう）と覚悟すべきです。

図表1－3　企業ヒアリング②

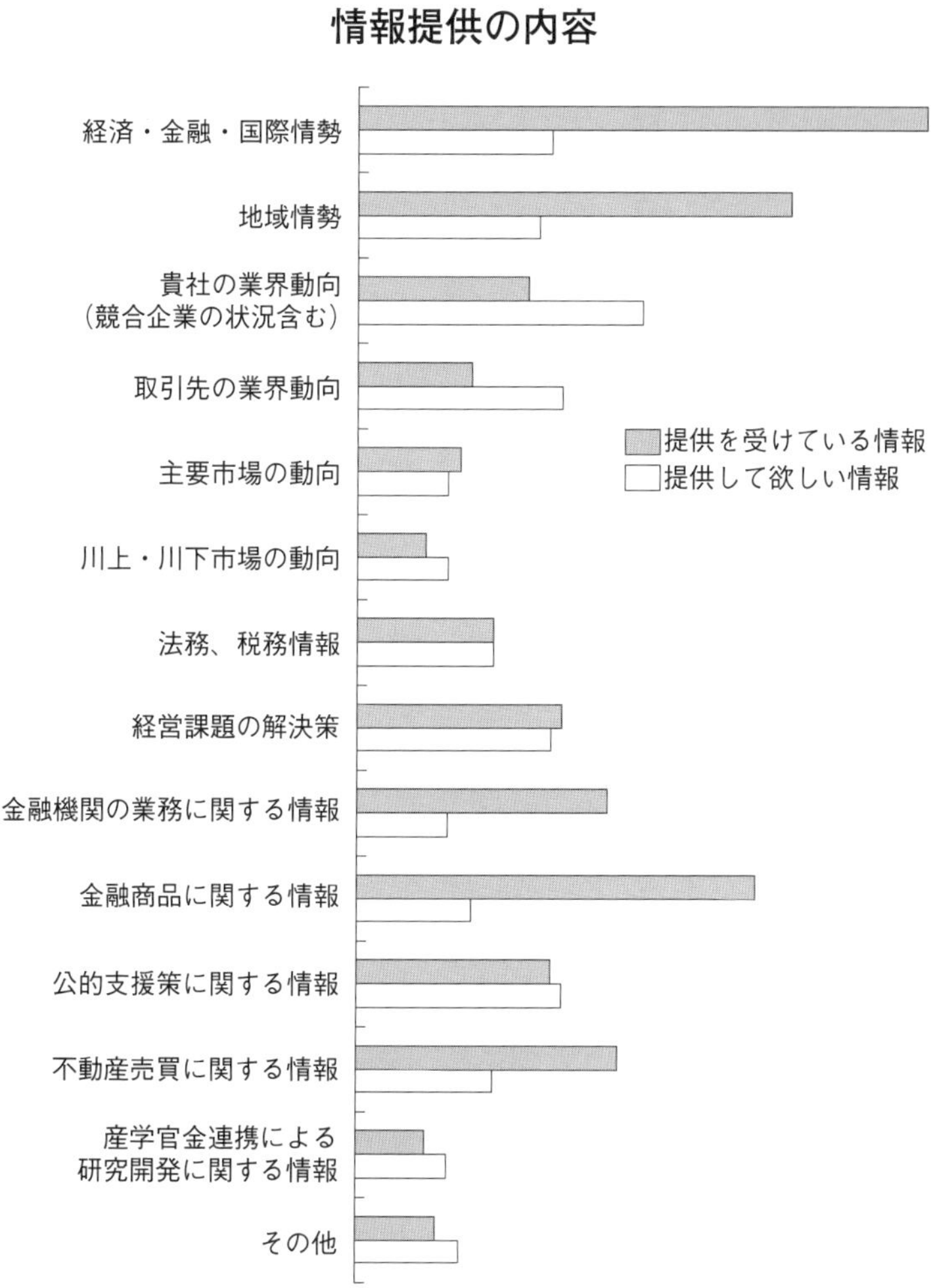

（出所）　金融庁「企業ヒアリング」

A・T・カーニーがインタビューをした、中小企業の実権者の声を紹介しておきましょう。

取引をしている3つの地域金融機関のすべてから、法改正を受けて各金融機関が実施するセミナーのパンフレットが届けられたそうです。実権者の社長は、こんなことを言っていました。

「案内をもらえるのは嬉しいけど、どこもパンフレットを持ってきて、『社長、よかったら参加してくださいね』でおしまい。法改正が、うちの会社にどんな意味や可能性がありそうなのか、セミナーを聞くことで私たちにどういうメリットがあるのか、だれもそういうことは言ってこなかった。パンフレットを配った、ということが大事なのかもしれない。もしこれで、情報提供をした、と思っているなら大きな勘違いだよ」

汎用性のある情報提供にとどまらず、相手の会社ならではの一言二言を加える（意味合いをつける）ことができるかが、情報提供の価値を大きく左右します。

◇3割はメインバンクに相談したことがない

経営上の課題や悩みを、メインバンクに〝全く相談したことがない〟企業は、債務者区分にかかわらず約3割ありました。理由で最も多かったのが〝あまりいいアドバイスや情報が期待できないから〟です（図表1－4）。

この結果は、地域金融機関にとって少しさみしくありますが、一方でチャンスが眠っていると

図表1－4　企業ヒアリング③

経営上の課題や悩みのメインバンクへの相談

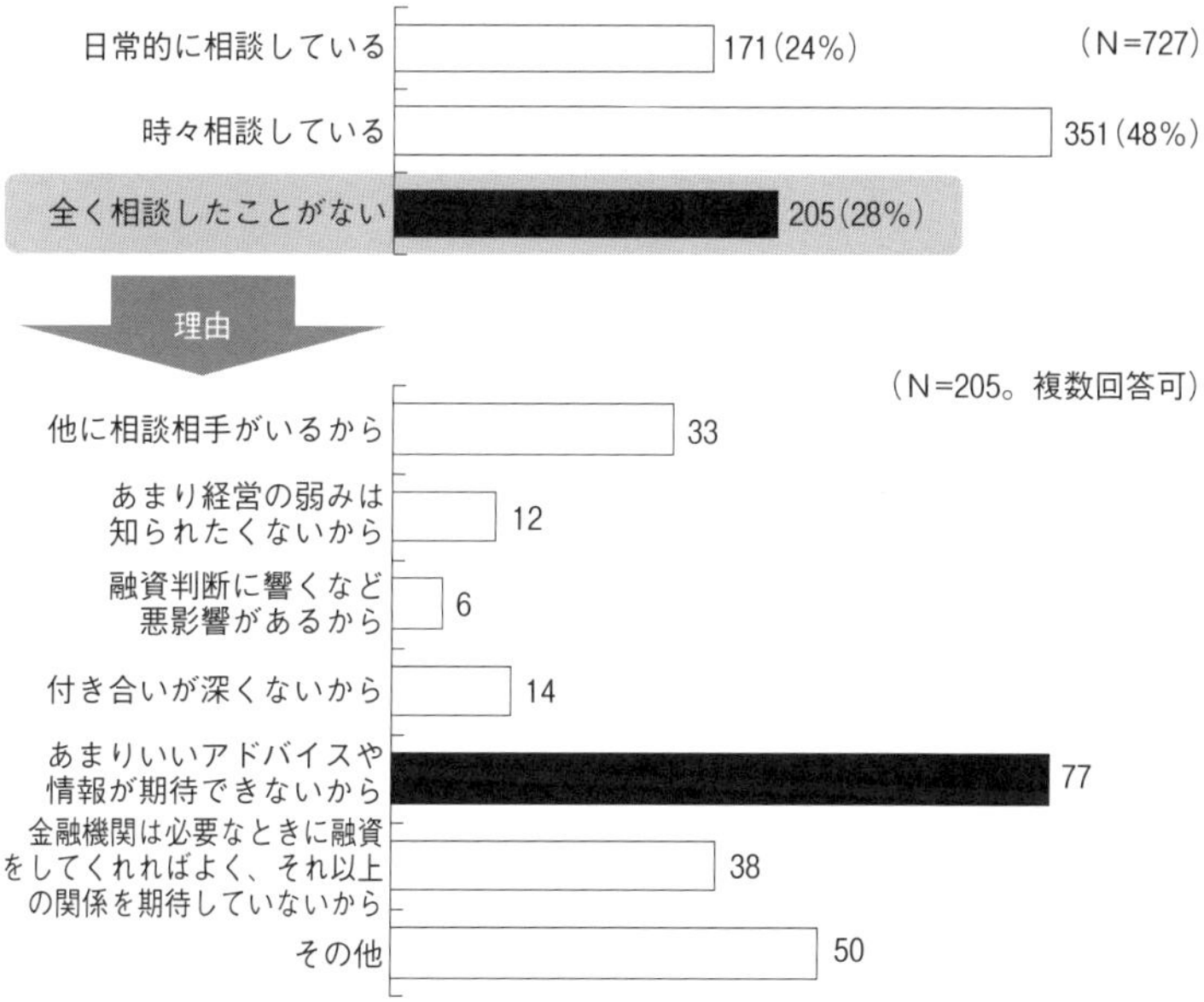

正常先下位・要注意先の企業が、「全く相談したことがない」とした理由

- 決算の棚卸が合わないことを正直に言ったら、粉飾を疑われた。それ以来金融機関には正直に話さないことにしている。
- 当社の課題は金融機関には解決策を見出すことはできない。金融機関も人材を育てる余裕はないだろう。
- 担当者によっては相談したいという思いもある。ただ、銀行の担当者は忙しく、相談に応えてもらうのは無理だと思う。
- 過去に、金融機関に事業拡大について前向きな相談をしたかったのに、回収可能性の観点から事業縮小に繋がるネガティブな話が主体となるなど、目線の違いを感じた。

(出所)　金融庁「企業ヒアリング」

も解釈できます。

相手の評価は、期待値との相関で決まります。期待値が高い場合には、相応のことをやらないと満足を得られません。しかし、期待値が低い場合には、少しのことで大きな満足をしてくれることもあります。「期待できない」と回答した人たちに、こちらからアドバイスや情報を能動的に提供することができたならば、期待値を上回り、満足につながる可能性は高くなるでしょう。

正常先下位・要注意先の企業が〝全く相談したことがない〟と回答した理由のコメントも紹介されていました（図表1－4）。そのなかに「銀行の担当者は忙しく、相談に応えてもらうのは無理だと思う」というものがあります。

同じような話は、A・T・カーニーが中小企業の実権者にインタビューをした際にも、たくさん出てきます。「1日に何件訪問しろと指示されているのか知らないけど、担当者の人はいつも時間がなさそう」「担当者は忙しそうなので、雑談めいたことをするのは気がひける」「担当者の顔に余裕がないから、最低限の要件だけで済ませるようにしている」「銀行が、われわれの本業の相談に乗ることに力を入れているのは、地元の決算説明会で聞いて知っている。だけど、当社に来ている担当者を見ると、やることがいっぱいあるようで、すぐの取引につながらない相談をするのは申し訳なく思ってしまう」。

お客様に、「忙しそうだから相談できない」と思われているのは、残念なことです。改めなければなりません。

◇アドバイスをすれば感謝されている

一方で、経営支援サービスを受けたことがある企業は、約８割もが〝財務内容の改善〟などでなんらかの効果があったと回答していました。

これは、とても嬉しいことです。

中小企業の実権者は、案外と、ささいなこと（ただし、汎用的な情報提供だけではダメで、「自社のことを考えてくれた」とわかる対応）でも喜んでくれます。

アドバイスの実施先を増やすこと、そして自信を持ってアドバイスを続けていくことで、お客様との関係性は強化していくことでしょう。

ところで、地域金融機関の側は、アドバイスがお客様に評価されていることを、どれだけ実感できていたでしょうか。お客様に評価されるアドバイスをしても、融資の実績に直結していなければ、営業担当者は褒められも、評価されもしない、ということは起きていないでしょうか。

図表1－5　企業ヒアリング④

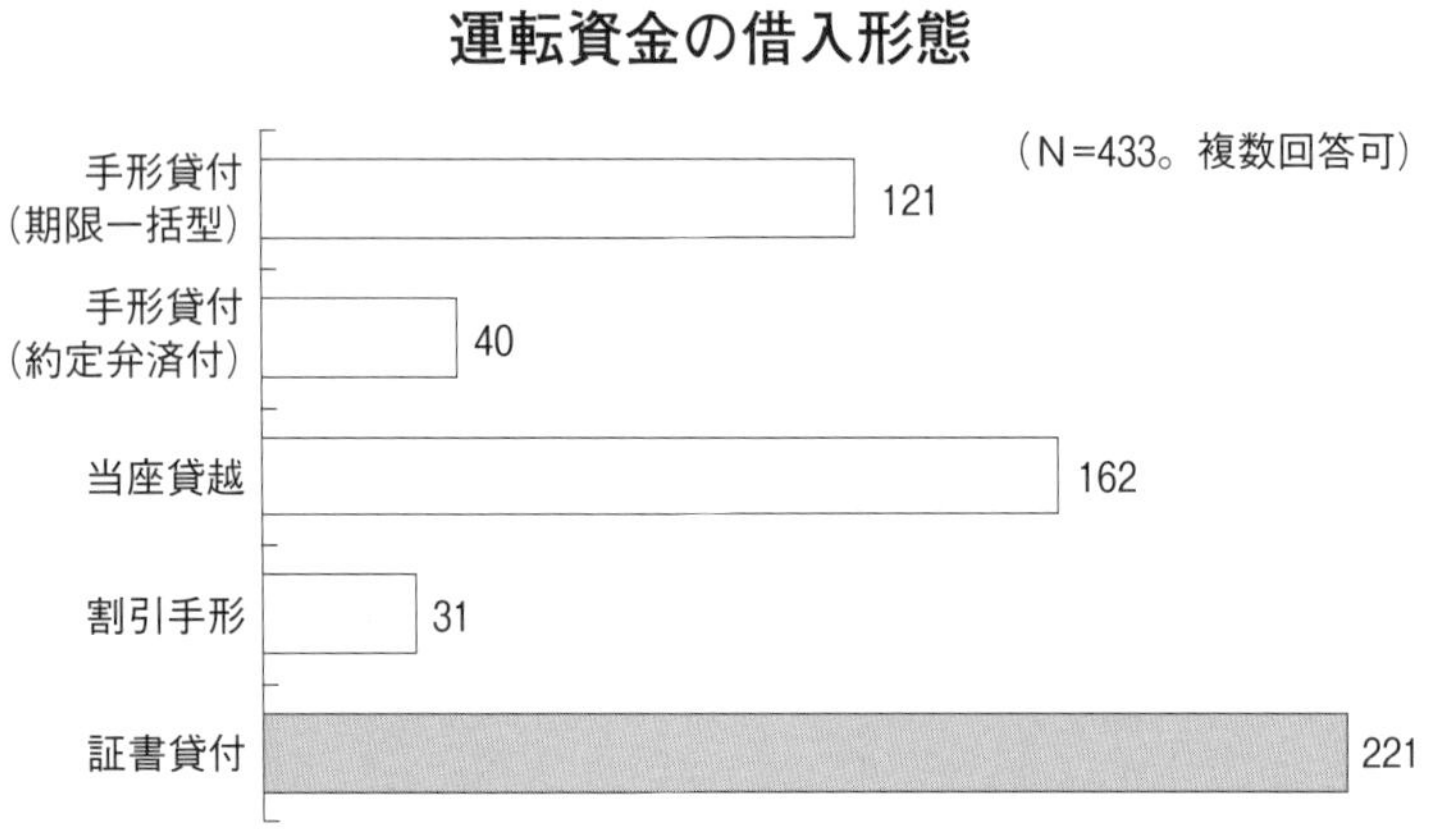

（出所）　金融庁「企業ヒアリング」

◇中小企業は金融機関の勧めに従う

「企業ヒアリング」では、運転資金の借入形態も調べています。

理屈としては、金融機関は「運転資金は短期融資で貸し出し、定期的に資金繰りなどの状況を確認」「設備投資のニーズが出てきた際は、長期融資で貸し出す」ということかと思います。

しかしながら、金融検査マニュアルによって、手形貸付を主とした短期継続融資（いわゆる「短コロ」）を回避する動きが金融機関に広まったこともあり、図表1－5のように運転資金も証書貸付で借入れを受けている割合が、最も多くなっていました。もちろん、借りる企業の側で、金利上昇リスクの回避や、返済計画の立てやすさという積極的な理由から証書貸付を選択しているケースもあるため、必ずしも悪いわけではありません。

また、信用保証協会の利用についても調べられており、信用保証協会を利用している企業の7割が、〝金融機関に勧められたから〟と回答していました。こちらも、信用保証協会の融資が悪いわけではありません。ただし、金融機関側でのリスク回避の動きや、融資稟議を通しやすいため信用保証協会融資を勧める営業担当者の動きも、信用保証協会の利用が多いことの背景としてあるでしょう。

運転資金の借入形態も、信用保証協会の利用も、功罪を一概には判断できません。確かなことは、金融について詳しくない中小企業の実権者は、金融機関に勧められた形態での借入れを選択する、ということです。

中小企業を良くするも、悪くするも、金融機関次第。この意識を強く持つ必要があるでしょう。

3 「金利で負けた」を考える

「企業ヒアリング」で、〝融資の金利〟はメインバンクの選択理由の6番目でした（図表1－2）。営業現場では、金利について意識することが多いと思うので、ここで少し考えておきます。

お客様は、金利を重視しています。

「企業ヒアリング」では、もしかしたら「金利と回答するのは格好悪い」という実権者の見栄が、いくらかは働いたのかもしれません。営業現場でも、メインバンクの選定基準ではないものの、個々の取引に際しては、「金利が大事」というお客様の声を多く聞いていることでしょう。私も、「金利は大事ではない」とキレイごとは言いません。

ただし、「金利が最重要」だと思い込むのは危険です。

A・T・カーニーは、地域金融機関（約10行）で「失注した案件」（既存先で、融資案件を競合にとり負けたもの）について調査をしたことがあります。

そのなかで、失注案件の営業担当者に、失注した理由をあげてもらったところ、約6割～7割の案件が「金利で負けた」（主たる失注理由は「金利」）という報告で、失注理由の第1位でした。

この数字、支店長からはどう見えますか。

ちなみに、本部の役員にヒアリングをすると、金利が主たる理由で負けているのは、2割～3割くらいだろう、という認識でした。また、優秀な支店長と話をすると、自身が金利で負けるケースは1割程度と回答するケースが多くなっていました。

1割～7割まで、どの数字が正しいのかは、わかりません。

しかし、営業担当者が、本当に「金利で負けた」と思っているのであれば、自身の成長の妨げになりはしないかと危惧します。

成長を促すドライバーは、成功の喜びと、失敗の悔しさです。しかし、「金利で負けた」というのは、自分自身に非がなく、組織・本部の責任にできてしまうため、失敗の悔しさにはつながらず、成長のドライバーにはなりえません。

失注案件調査では、お客様の実権者へのインタビューも行っています。

営業担当者が「金利で負けた」と回答した先について、行員・職員を介さずにA・T・カーニーだけで話を聞きました。

結論を先に言うと、実権者は、決して金利を「最優先」には決めていませんでした。もちろん、ここでも実権者の見栄があらわれた面はあろうかと思います。しかし、1時間ほどインタビューをして、じっくりと話を聞いてみると、見栄を差し引いたとしても「金利で負けた」という営業担当者の認識とは大きなギャップがありました。

実権者が語ってくれた、競合先を選択した理由は、大きく3つに分類できます。

① 他の金融機関のほうが、自社の役に立とうという姿勢が見えたので、金利がさほど違わないなら、そちらを選ぼうと決めていた

② メインバンクにもかかわらず、他の金融機関と同様に、満足できる対応ではなかった。それでは困るので、目を覚まして気づいてほしいから（お灸をすえる意図で）他の金融機関を選んだ

③ どこの金融機関も、同じような訪問内容で、事業の役に立っているわけではなかったので、金利で決めるしかなかった

③は、金利で決めてはいますが、消去法的に仕方なく、金利で決めざるをえなかった状況です。失注の最大の理由は、「お客様の役に立つ活動ができていなかった」と認識すべきでしょう。しかし、このようなケースでも、営業担当者は「金利が失注の一番の原因」と認識していました。

また、①②は、競合先のほうが逆に金利が少し高かったとしても、そちらが選ばれていた可能性があることが示唆されていて、より深刻です。

現場営業力の強化・営業担当者の成長に向けて、批判をおそれずに言えば、営業担当者には「金利で負けた」と報告するのは、恥ずかしいことだと感じるようになってほしいと思っています。

・わずかな金利差から計算される金額分の価値を、お客様に認めてもらえる活動ができていなかった
・お客様の良さ・潜在的な力を見つけることができずに、通り一遍の稟議申請だったために、好条件を提示できなかった
・競合よりも高い金利の提示だったときに、水準をあわせてほしいと相談を持ちかけられなかった

もちろん、お客様が低金利ばかりを要求してきて、望ましいお付き合いを継続していくことができないと判断した結果、「金利で負ける」ことは、まったく問題ありません。その場合には、堂々と「金利で負けた」と報告してください。

とにもかくにも、営業担当者には「金利で負けたから、自分は悪くない」という思考から、早く脱却してもらいたいと願っています。

本当に金利「だけ」でしかお客様が判断していないのだとすると、もうそれは、営業担当者を多く抱える地域金融機関のビジネスモデルの終焉でしょう。でも、そうはなっていないと信じています。

失注案件調査

失注案件調査では、金利以外の要素についても、実権者の〝期待度〟や〝評価〟を確認しています。概要を紹介しておきましょう。

図表1－6は、失注案件のうち、メイン先で失注をした約50社への調査結果の典型像です。調査では、実権者にインタビューをしながら、金融機関との取引や満足度に影響を与えうる、主要6項目（実権者への訪問頻度・担当者の熱意や態度・本業への役立ち・資金面での役立ち・対応スピード・融資の金利）について、実権者の〝期待度〟と、失注した金融機関、および今回取引をした金融機関の〝評価〟を、記載してもらいます。

見てみると、「担当者の熱意や態度」「本業への役立ち」「対応スピード」の3点で、実権者の〝期待度〟や取引獲得金融機関の〝評価〟と、失注したメインバンクの〝評価〟との間に乖離があることがわかります。

この結果からは、失注行（庫）に、メインバンクであること・長年の取引があることとの油断

図表1－6　失注案件調査

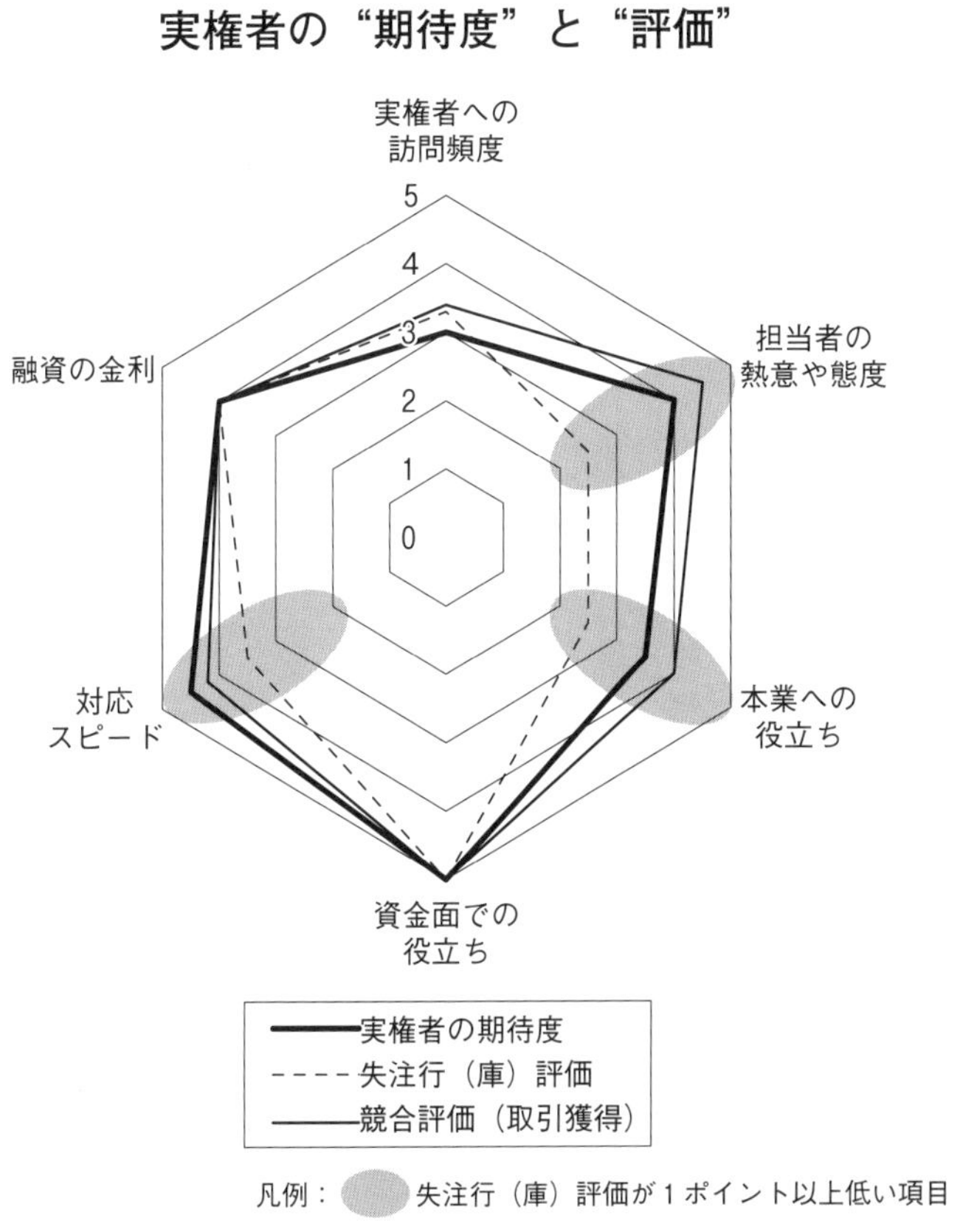

（出所）　A.T. カーニー

があったと読み取れます。

競合行（庫）は、攻める側です。お客様との取引開始・拡大をしたいため、実権者のもとに足を運び、役に立つ情報や話題を、何度も提供し続けたのでしょう。

一方で、メインである金融機関は、これまでの関係性に甘え、訪問はするものの、役に立つ、という観点での努力が疎かになっていて、結果として「担当者の熱意や態度」「本業への役立ち」の評価に差がつきました。

また、競合行（庫）は、お客様に提示できる条件（金利等）の相談を行（庫）内で進め、実権者に積極的に提示し、仕掛けてきます。実権者は、その条件提示を受けて、「それならばメインバンクにも条件を聞いてみよう」と思い、メインバンクに話を持ちかけます。

メインバンクがすぐに条件を回答できればいいのですが、多くの場合、話がきてから検討が開始されるため、どうしても時間がかかってしまいます。実権者からすれば、すでに手元には競合行（庫）の条件があるので、メインバンクの回答がすぐに出てこないと「遅い」と感じます。それが「対応スピード」の評価差としてあらわれています。

＊＊＊

失注案件は、営業活動の「弱いところ」が明確にあらわれます。

今回の失注は仕方ないとしても、将来に学びを活かしたいところです。

実権者のもとにうかがい、「今回は、ご期待に沿えずに申し訳ありませんでした。ぜひ率直に、当行（庫）が至らなかった点を教えてください。今後の改善に活かしていきます」と、話を聞くようにしてください。もし支店長が行きにくければ、かわりに本部に話を聞きに行ってもらってもかまいません。多くの気づきがあるでしょう。

こうした金融機関の姿勢を、実権者は見ています。

4 事業性評価の意義

◇リレーションシップバンキングと同根のもの

「事業性評価」についても、触れておきましょう。

事業性評価は、根源的には2003年に打ち出されたリレーションシップバンキングと同じものと、私は解釈しています。企業をよく知り、担保や保証に依存しない融資を考えるという、昔のバンカーであれば当たり前にできていたことを取り戻すため、「事業性評価」という言葉で、再度、光を当てているという理解です。

先ほどの「企業ヒアリング」では、メインバンク選定理由の第1位が〝貴社や事業に対する理解〟で、お客様を深く理解することの重要性を確認しました。事業性評価は、決算書の背景にある企業の強み・弱みを、生産力（企画力＋技術力）・商品力・販売力・顧客基盤・組織基盤などの観点から評価しようというものですから、お客様の理解につながる大事なものといえます。地域金融機関として、必要な（当たり前の）取組みといえるでしょう。

◇「事業性評価シート」の体裁を整えることへの不安

金融庁の方針を受けて、独自の「事業性評価シート」をつくっている地域金融機関が多いようです。内容は、サプライチェーンの分析や、ＳＷＯＴ分析など、かなりしっかりとした体裁のものになっており、お客様を理解する、という観点でよくできています。

それでも、事業性評価が、本来の目的に照らして機能するかは、やや不安に思っています。というのも、金融機関の行員・職員は、とても真面目で、言われたことはきちんと形にします。他の業種に勤める人たちよりも、はるかに指示には忠実です。

そのため、「事業性評価シート」に限らずとも、何かシートをつくるよう指示があると、一所懸命にやるのですが、「埋める」「体裁を整える」こと自体が目的となってしまう傾向があり、魂のこもっていない形だけのものが、たくさんできあがることも珍しくありません。「事業性評価シート」が、同じことにならないか心配しています。

ある地域金融機関での話を紹介しましょう。

支店長が、営業担当者に対して、取引先の「事業性評価シート」を1カ月で1人最低10先についてつくるよう、指示をしたそうです。できあがったものを担当者に見せてもらいましたが、残念ながら、どの先も内容は薄く、似たり寄ったりでした。ひらたく言うと、書かれているニーズは、売上げ向上と経費削減ばかり。

試しに、「事業性評価シート」の企業名・業種・住所・社長名などの基本属性情報を隠して、支店長に「どこの取引先のシートかわかりますか」と質問してみました。すると、正答率は半分にも遠く届かず、3割強しかありませんでした。これでは、「事業性評価シート」をつくっても、役に立たないでしょう。これがまだ、作成途上のもので、これから具体化していく、というのならわかります。しかし、営業担当者は完成したという認識でいました。

営業担当者が「指示されたから、つくります」といったマインドで、ありきたりのことを埋めただけの「事業性評価シート」を何件つくったところで、意味はありません。営業担当者の時間も、もったいないです。

これに似たことが全国で、特に「事業性評価シート」を数多くつくることを指示している地域金融機関で起こっていないか心配しています。事業性評価、および「事業性評価シート」は、あくまでも手段であり、ツールです。評価することや、シートをつくることが、目的になってはいけません。

◇お客様と共有してこそ意味がある

では、何のための手段・ツールなのでしょうか。

決算書にあらわれない企業の強み・弱みを確認して、「融資機会を発見する」「担保・保証に依存しない融資を行う」「リスクの極小化を図る」ためのツール、すなわち行（庫）内で活用するためだけのツールとして使われているなら、事業性評価の意義は半減以下です。

しかし、こうした使われ方を多くみます。

「評価」という単語の持つイメージに、引っ張られているのかもしれません。上下の関係のなかで、お金を貸す側が、借りる側を見定めることを、「評価」という言葉から受け止めたのでしょう。「評価」を〝狭義〟でとらえれば正しいのかもしれませんが、事業性評価で求められる「評価」は〝広義〟のものです。

人事評価で考えてみましょう。

S・A・B・C・Dの5段階評価で、「鈴木くんはB」「斉藤くんはC」と評点をつけるのは、〝狭義〟の評価です。これに対して、「鈴木くんがB評価になったのはこういう理由だ。来期はA評価をとれるように、こんなところを改善してみよう」と、目線の共有・育成の視点も含めたフィードバックをするのが〝広義〟での評価です。そして、〝広義〟での評価をきっかけとして、成長に向けたサポートをしていくことになります。支店長は、人事評価ではこうした対応を行っているはずです。

事業性評価も、同様のことが求められます。評価した（見定めた）結果と、その理由をお客様に共有して、今後のお客様の成長に向けて同じ目線で見ていくための「コミュニケーション」ツールであり、事業を直接・間接に支援していくための、きっかけとして使われなければいけません。ここに、事業性評価の本当の意義があります。

行（庫）内で使うだけでなく、実権者と対話をしながら寄り添っていくための手段・ツールとして、事業性評価を活用してほしいと思います。

ＡＩ（人工知能）への置き換わり

何年かすると、ＡＩは、地域金融機関のさまざまな領域にも浸透してくるでしょう。事業性評価の、行（庫）内での活用場面である「融資機会を発見する」「担保・保証に依存しない融資を行う」「リスクの極小化を図る」という領域も、ＡＩが担うことになっていても不思議ではありません。

そうなると、事業性評価で営業現場に残るのはお客様から「情報を引き出す」力と、「事業性評価の結果・理由を共有して、同じ目線で成長を考える」力です。

いずれも、いまは強くない「お客様との接点」の領域です。強化すべき場所の特定を見誤ることなく、着実に強化を図ってほしいと思います。

第2章

現場営業力を“アップしよう”

前提として知っておくべき営業現場を取りまく環境を概観できたところで、本書のテーマである現場営業力の強化について考えていきましょう。

1 個人技に頼る営業現場

現場営業力の強化について、これまで地域金融機関の方といくつものディスカッションをしてきました。そのほとんどで「個人のやり方に任せているな」との印象を受けています。良く言えば「自主性に任せている」、悪く言えば「組織の力を活かせていない」といったところでしょうか。

もちろん、自主性に任せるのは、悪いことではありません。しかし、結果が伴わずに、苦しんでいる姿を多く見ています。

いつの時代も、どの組織にも、厳しい環境下にもかかわらず、立派な成績をあげる支店長や営業担当者はいます。しかも、「刈取りマシーン」ではなく、お客様に価値を提供し、部下も育てながら結果を残す人です。支店長の大先輩も含め、何人か思い浮かぶのではないでしょうか。

しかし、せっかくこういう人（本書ではこれ以降、「優秀な」支店長・営業担当者と呼びます）がいるのに、ノウハウを組織として活かしきれているケースは、まず見かけません。

よく聞くのは、「田中さんだからできる」「佐藤さんは特別だから」といった、「あの人だから」論です。属人性で片づけてしまう思考です。でも、本当に「あの人だから」なのでしょうか。

一方で、「優秀な」支店長・営業担当者も、自分のノウハウを他の人に伝えられているとは限りません。「優秀な」人は、いろいろなことを、意識しなくても当たり前にできてしまいます。そのため、何が他の人とは違う強みなのか、気づいていないことも珍しくないからです。

また、気づいていたとしても、それを共有するスキルが高いとは限りません。長嶋茂雄さんは、少年野球教室で子どもたちに「球がこうスッとくるだろ」「そこをグゥーッと構えて腰をガッとする」「後はバァッといってガーンと打つんだ」と教えたという逸話が残っています。名選手、必ずしも名監督・名コーチにあらず、です。

結果として、営業現場は、ノウハウの受け手・送り手の双方の要因から、個人技での対応が主流となっています。

2 「優秀な」支店長・営業担当者から学ぶ

私は、「優秀な」支店長・営業担当者からも、直接、多くの話をうかがってきました。

たしかに、「あの人だから」できる、と思ったこともあります。

しかし、よくよく話を聞いて、やっていることを紐解いていくと、根っこにあるのは「要はこういうことか」と、だれもができそうな内容に翻訳できることも多くあると気づきました。だからこそ、ノウハウを組織として活かせていないのは、もったいないと感じています。

◇70名の「優秀な」支店長・営業担当者のノウハウを結集

そこで、これまで私が接してきた地域金融機関の「優秀な」支店長・営業担当者、約70名がやっていたことを、紐解き・翻訳をして体系化してみました。

70名の属性は、地域金融機関の行員・職員という共通項以外は多様です。

もちろん、70名すべてが同じ行動をしていたわけではありません。得意な領域も人それぞれです。

そのため、暗黙知を形式知に、形式知を組織知にするという視点（＝強い営業チームをつくる）

で、いいとこどりをしました。

より具体的に・わかりやすく、実践につなげられることを意識しましたが、必ずしも、「答え」そのものが出てくるわけではありません。それでも、「優秀な」支店長・営業担当者が、どのような考え方で何をやっているのか、現場営業力の強化に向けて明日から何をすればいいかが伝わるよう、最大限のエッセンスを詰め込んでいます。

3 現場営業力を〝アップしよう〟（UP－SIYO）

現場営業力を〝アップしよう〟

この言葉に、70名のノウハウを体系化しました。〝アップしよう〟は、〝UP－SIYO〟です（図表2－1）。

・U……Understanding：お客様の理解（第3章）
・P……Process：活動プロセスの高度化（第4章）
・S……Skill：スキルの強化（第5章）
・IYO……IYOKU（意欲）：意欲の向上（第6章）

最後の「IYOKU」だけ日本語ですが、キーワードの語呂合わせを優先したので大目に見てください。

それでは、U（Understanding）の「お客様の理解」から順番に見ていきましょう。

図表２－１　現場営業力強化の全体像

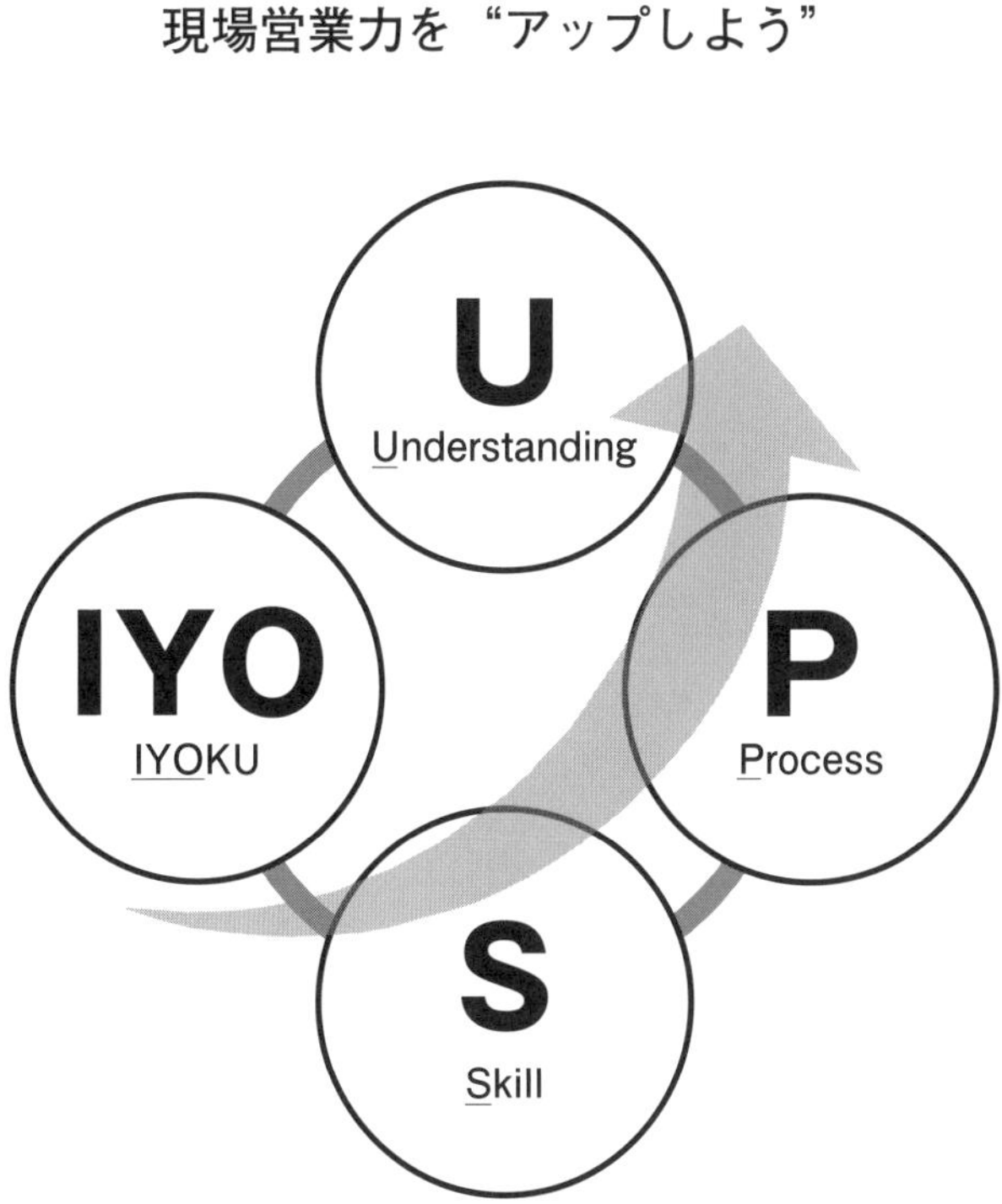

Understanding：お客様の理解
Process：　活動プロセスの高度化
Skill：　スキルの強化
IYOKU：　意欲の向上

第 3 章

お客様の理解（U）

1 現状チェック

自信を持ってYESと言えますか?

- □ 現在の訪問先のすべてについて、訪問すべき理由を自分の言葉で語れる
- □ 訪問していない先に、本来であれば訪問すべき先は含まれていない
- □ 重点対応すべき先は、個別に活動方針(訪問頻度・内容等)を決めている
- □ お客様の何を理解すべきか(「お客様の理解」)が、営業担当者と共有できている
- □ 重点対応すべき先ごとに、「お客様の理解」の度合いを把握できている

2 必須の強化ポイント

現場営業力を〝アップしよう〟(UP-SIYO)のU。お客様の理解(Understanding)です。「企業ヒアリング」の結果からも、「事業性評価」の意義からも、お客様の理解を深めることは、重要な取組ポイントです。金利勝負ではなく、本来的な地域金融機関としての姿から、現場

営業力を強化するためには必須の要件でしょう。

しかしながら、先にも触れたとおり、バブル期の担保重視に始まり、近年の預り資産営業への注力に至るまで、長きにわたって、お客様を深く知る必要がない活動が主流として続きました。

中期経営計画を見ると、ほぼすべての地域金融機関で「提案（ソリューション）営業」の強化をうたっています。しかし、成果はまだ限定的のようです。原因は、提案（ソリューション）のネタ不足ではなく、出発点となるお客様の理解が足りていないためだとみています。

営業担当者は、お客様に「提案」をしているつもりかもしれませんが、プロダクトアウト・提供者側の都合が起点になっているケースが数多くあります。お客様の属性や状況にかかわらず、業績評価に組み込まれた項目（評価ウェイトが高い項目）や、本部が新たに開始したサービスを、絨毯爆撃のように勧めて回る姿です。

「お客様を理解する」「実権者の考える将来の夢に思いを寄せてみる」。提案（ソリューション）営業を行うにあたっての前提にもかかわらず、残念ながらまだ十分ではありません。これでは、提案をしたところで、実権者には響きません。

実権者にインタビューをすると、にわかには信じたくないですが「いまの営業担当者は、工場や商品の現物を見せてくれと言ってこない」という話をよく聞きます。また、「担当者に工場を

図表3－1　営業プロセス

「お客様の理解」は営業プロセスの出発点

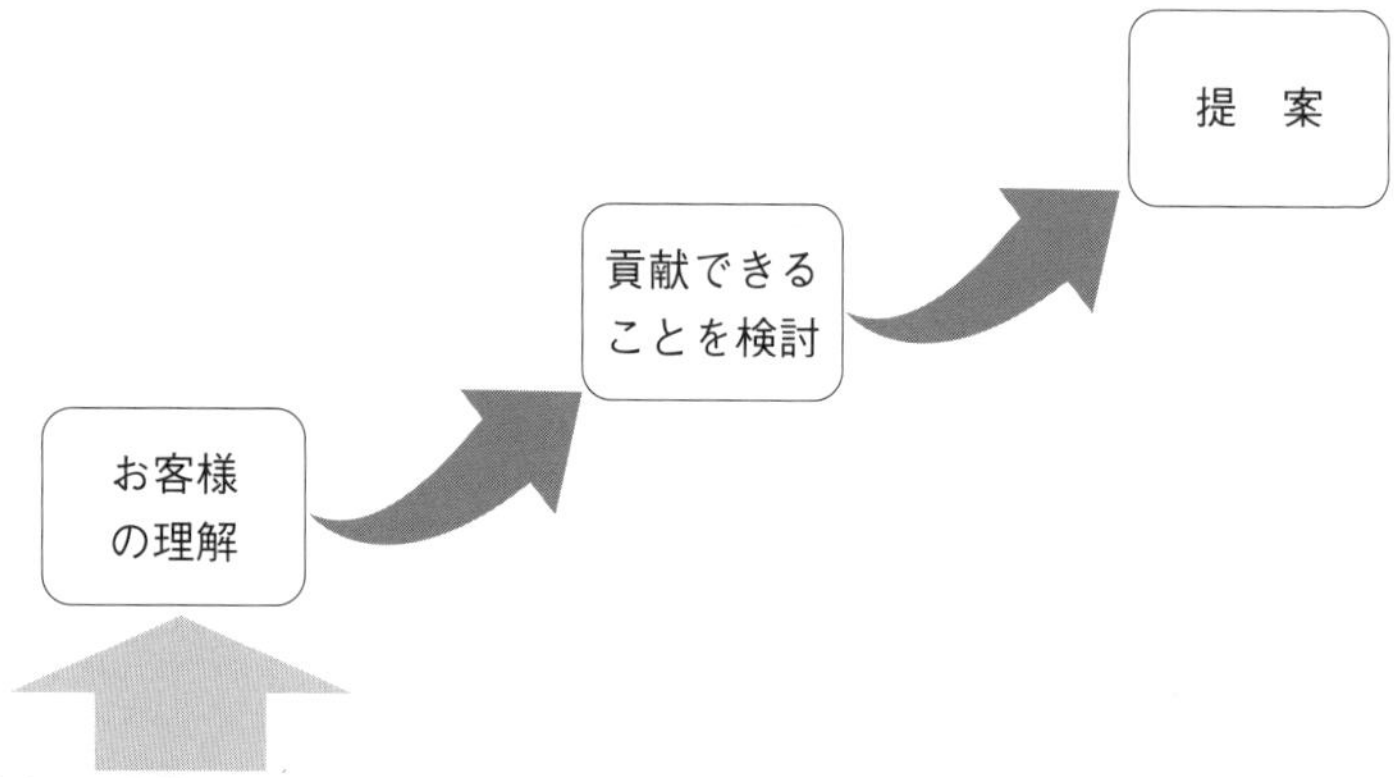

見せてくれと頼まれたので案内したけど、あれで何がわかるのか、というぐらい、ただ工場を歩いただけだった。途中で質問の1つも、興味深そうに何かを見るでもなし。支店長に工場を見てこいと指示されて、仕方なく実績づくりのために見にきたのかな」といった声も、何度か聞いたことがあります。

こんなこともありました。支店長が夏休みで東南アジアを旅行しているときに、現地のレストランで支店の取引先の社長とばったり会ったそうです。聞けば、社長は年初に海外展開の第一弾として出した現地工場を視察するために来ていたとのこと。支店長は、その取引先が海外展開をしていたことを知らなかったため、とても驚いたと言っていました。帰国後、営業担当者に確認したところ、月に2回の定期訪問をしているにもかかわらず、海外展開のことをまったく把握していませんでした。

ここで紹介したのは極端な例かもしれません。しかし、程度の差こそあれ「お客様の理解が足りてないいな」と思うケースは、全国で山のように見聞きしてきました。

一方で、本書のもとになっている「優秀な」支店長・営業担当者は、相手の懐に飛び込むスキルに長けていたり、提案（ソリューション）ネタの引出しが豊富だったりしましたが、何よりも共通して「お客様のことを、よく理解している」という特徴がありました。ここに、「優秀」と「普通」の最大の差分がありそうです。

図表3－1のように、「お客様の理解」は営業プロセスの出発点です。出発点があいまいなままに提案をしても、効果は望めません。現場営業力を強化するには、まずは「お客様を理解する」ことから見直していきましょう。

3 重点対応先を決める

◇「すべてのお客様に」は現実的ではない

営業活動の理想は、「すべてのお客様のことを深く理解し、すべてのお客様に最良最適なサービスを提供する」ことです。

しかし残念ながら、いまの地域金融機関の支店に、そのリソースはありません。「すべてのお客様に」を実現しようとしたら、待っているのは「薄い理解」と、「だれにも同じようなサービス」です。

また、どんなに高いスキルや、良い提案（ソリューション）ネタを持っていたとしても、適切な先に向けられていなければ、宝の持ち腐れです。私は趣味で釣りをしますが、ポイント（魚を釣る場所）の選択は、釣果を左右する重要な要素です。腕に自信があっても、魚がいない場所で釣り糸を垂れていては釣れません。それと同じで、だれに対して営業活動をするかは、結果に大きく影響します。

限られた人数・時間のなかで営業力を高めるには、適切な先に時間を使い、適切な活動が行えるように、お客様の対応に濃淡をつけることが必要です。

◇現在の訪問先は妥当か

「いまでも、すべての取引先を訪問しているわけではない」「濃淡はつけている」

そんな声が聞こえてきそうです。はい、そのとおりだと思います。では、一歩進めて質問です。現在の訪問先は、「妥当」でしょうか。

A・T・カーニーが支援した、複数のプロジェクトでのアンケート結果を紹介します。

支店収益への貢献度が高い上位1割のお客様（収益寄与額は、約9割）の実権者宛てに、アンケートを行いました。結果が図表3－2です。なんと約3割の実権者が、当該の地域金融機関は「ほとんど来ない」と回答していました。その3割のうち、8割～9割の先では「他行（庫）は定期的に来ている」こともわかりました。

この結果を見ると、訪問先が「妥当」かは、おおいに疑問が残ります。

ちなみに、3割のなかには、「本当に訪問していない」先だけでなく、「企業には訪問しているものの、経理担当者などへの訪問ばかりで、実権者には訪問が認識されていない」先も含まれています。しかし、支店収益への貢献度が大きな先で、実権者に訪問を認識されていない（競合は来ていると認識されている）活動に、あまり意味があるとは思えません。

図表3－2　実権者へのアンケート

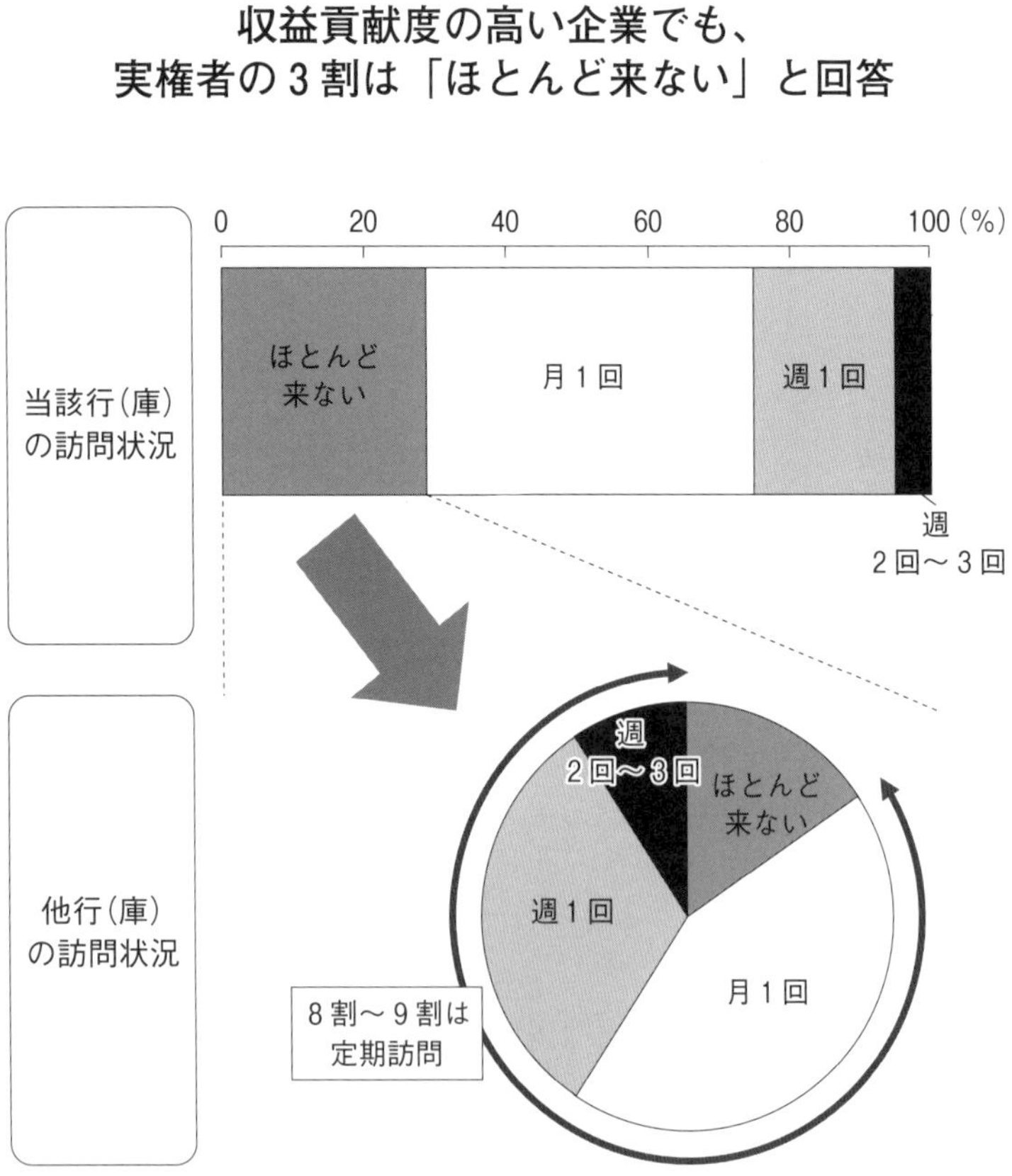

（出所）　A.T. カーニー

では、営業担当者が訪問している先は、どのようにして決まったのでしょうか。訪問先には

①　営業担当者（・支店長）が自分で開拓した先

②　前任者から引き継いだ先

の2つがありますが、多くは②の先でしょう。前任者から引き継ぎ、その前任者もさらに前任者から引き継ぎ……という構図だと思います。

そこで質問です。過去から引き継がれてきたなかで、訪問先としての妥当性の確認は、行われていたでしょうか。行われていたとして、目線は的確だったと言い切れるでしょうか。

調べてみると、銀行取引拡大の可能性は低いものの、お客様が優しく接してくれ「行きやすい」から定期的に訪問していた先が、後任の担当者にも「定期訪問すべき先」として引き継がれていることは珍しくありません。

実際にあったケースを紹介しましょう。ある地域金融機関で定期訪問先の見直しを進めていたところ、銀行取引はごくわずかにもかかわらず定期訪問している、小さな「小鳥屋」がありました。

支店の紹介を受けてインタビューにうかがいましたが、どう見ても取引拡大の芽はなさそうでした。また、口コミに影響を及ぼす地元の名士でもありません。

営業担当者に話を聞くと、前任者から「過去からの定期訪問先」として引き継ぎがあったとの

ことでした。そこで、前任者の前任者、その前任者と遡ったところ、8年ほど前の営業担当者の時代に訪問を開始したことがわかりました。聞いてみると、なんと「鳥が好きだから、その小鳥屋を訪問するようになった」「いつも話が盛り上がるので、定期的に顔を出していた」と。そして、「まだ訪問しているのですか」と驚いていました。これには、支店長も、現在の営業担当者も、私も、みんな驚きました。

こうした、ある意味での「息抜き」の先（息抜きを、完全に否定するわけではありませんが）に、人も時間も限られるなかで、何年にもわたり定期訪問をしていたわけです。

◇訪問していない先も妥当か

訪問していない先は、どうでしょうか。過去になんらかの理由があって訪問対象外となったはずです。現時点の目線でも、本当に訪問は不要でしょうか。

・当行（庫）との取引内容は変化してないか
・お客様の経営状態・戦略は変化してないか
・長期融資・信用保証協会融資にしたため、放置していることはないか
・お客様に厳しいことを言われ、営業担当者の足が遠のいたのではないか
・過去に失注して以降、行かなくなってしまったのではないか

お客様に厳しいことを言われたり、失注したりすると、訪問しにくくなるのは理解できます。しかし、実権者にインタビューをすると「これまでの対応では満足できず、目を覚まして気づいてほしいから、今回は他の金融機関を選んだ」という話を聞くこともあります。

逃げずに、ぶつかっていけば、より深い関係を築くことができたかもしれません。一方で、逃げてしまい訪問しなくなった場合には、後日、自身の異動が決まっても、引き継ぎのために後任を挨拶に連れていくことなどできないでしょう。

こうして、当行（庫）に期待をしてくれていたお客様にもかかわらず、訪問対象から外れてしまうことも起こっています。

◇重点対応先を決める

支店長に赴任して以降、自分の目で、訪問先の妥当性をチェックしていなければ、支店のお客様を、「時間をかけて対応すべき先（重点対応先）」か、それとも「自然体の対応でいい先」かに、大別してみましょう。

その際、現在訪問しているかどうかは、横に置いといてください。A・T・カーニーの支援経験からすると、支店長は、現状肯定の意識が自然と働いてしまうようで、訪問している先は、そのまま重点対応先と決めてしまいがちだからです。

重点対応先を選定する際は、「定量で基準をつくり、定性で修正」していきます。また、重点対応先と一口に言っても多様性があるため、「守る先」「攻める先」「育てる先」「再生させる先」の4つに分けてみると考えやすいようです（図表3―3）。

【取引あり】（既存先）

●重点対応先(1)……守る先

自店の取引先を、収益貢献額（個社別収益管理をやっている場合）、もしくは取引額で順位づけしてみます。

上位10％ないし20％に入ったお客様は、原則「守る先」と定義できます。いまの収益を支えてくれている、大事な先だからです。

ちなみに、前に紹介した実権者へのアンケート（図表3―2）は、このカテゴリーに該当する企業を対象として実施したものです。収益を支えてくれているお客様の3割で、実権者に訪問が認識されていない、というのは怖いと思いませんか。

次に、定性的な観点で修正していきます。

定量基準で「守る先」に入ったお客様を個々に見て、重点対応する必要がない先があれば除きます。たとえば、ある企業の子会社と取引をしているものの、「実質的な銀行取引の権限は親会社にあり、過去からの経緯をふまえても、重点対応する必要がない」と判断できる先は、除外し

図表3－3　重点対応先

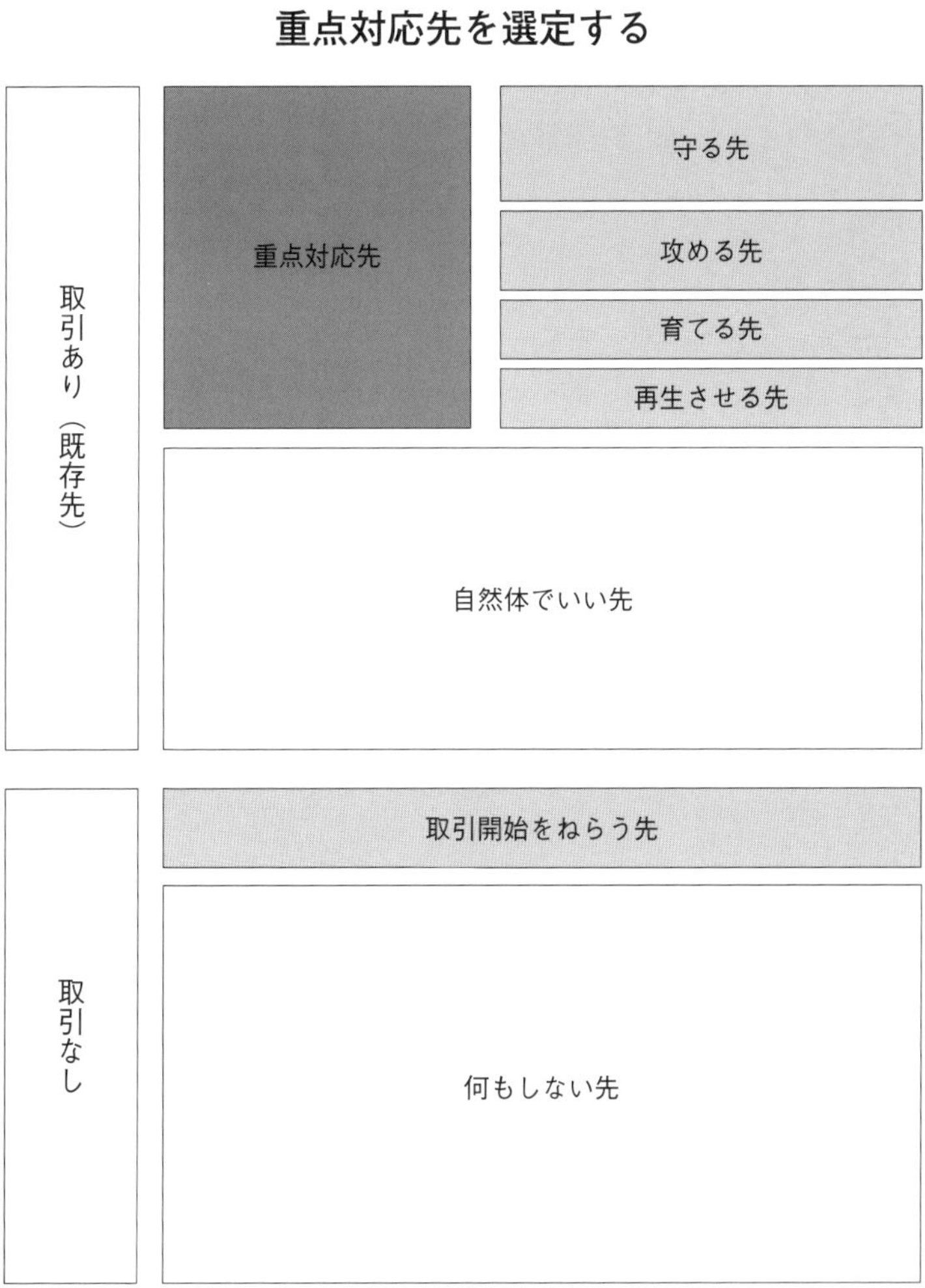
重点対応先を選定する
取引あり（既存先）
重点対応先
守る先
攻める先
育てる先
再生させる先
自然体でいい先
取引なし
取引開始をねらう先
何もしない先

てもよいでしょう。

チェックの過程で、定量基準で「守る先」に該当したものの、訪問しておらず、お客様のことをよく知らないため判断がつかない先は、除外せずに「守る先」として残しておいてください。こうした先が発見できることにも、意味があります。

逆に、定量基準では「守る先」に該当しなくても、拾い上げておいたほうがよい先があれば、対象に加えます。注意点としては、「これまでも訪問しているから」というのは、十分な理由にはなりません。取引が少なかったとしても、「守る先」にする意義があるお客様だけを、加えるようにしましょう。たとえば、次のような先は検討に値すると思います。

・新規顧客の紹介実績があり、訪問することで顧客基盤の拡大が見込める先
・地元の名士で、訪問しないことが風評悪化につながりかねない先
・地域の生活を支えるサービス業の先（＝もしつぶれてしまうと、地域住民の生活に大きな悪影響を及ぼす先）

なお、「守る先」だからといって、攻めの営業をしないわけではありません。重点対応すべきお客様か否かを考える際の、視点の1つとしてのラベルづけだと理解してください。

●重点対応先⑵……攻める先

企業には栄枯盛衰、そして寿命があります。「守る先」だけでは、自行（庫）・自店の将来収益

は先細りになってしまいますので、2年～3年の期間を見据えて、取引拡大を積極的にねらう先も決めてみましょう。これが「攻める先」です。

分類学で考えると正しくはないのですが、「守る先」のなかで、取引拡大をさらに積極的に目指せる先があれば、それも対象とします。

たとえば、次のような視点で、「攻める先」の具体名をあげてみてください。

・具体的な取引拡大のネタを、いますでに持っている先
・自行（庫）メイン先だが、シェアがだんだん減ってきている先
・非メイン先だが、実権者が交代して間もない先
・非メイン先だが、最近、メインバンクのシェアが落ちてきている先
・法人取引・個人取引のいずれか一方だけが大きい先
・自行（庫）全体ではシェアが高いものの、自店で取りもれている業種の先
・本部指示で、強化の打ち出しがあった業種の先

ポイントは、取引拡大に向けて、なんらかのきっかけや切り口を考えられるかです。「訪問を続ければ、いつかは取引が拡大できるかもしれない」という、根拠に乏しい「気合先」は、入れ込まないようにしましょう。

●重点対応先⑶……育てる先

少し長い目線で、将来のために育てていくお客様も特定してみましょう。といっても、どのような先が対象となりうるか、見当がつかないかもしれませんね。基本的には、本部の方針として「育成強化を打ち出した業種」と考えておけばいいでしょう。すぐに取引につながるわけではないものの、将来の当地域を考えた際には、この業種（お客様）に成長をしてもらわなければ困る、という先です。「地域の将来を支える業種」ともいえます。

もし、本部で方針の打ち出しをしていない場合には、「地域の将来を支える」という観点で、管内に当てはまる先がないか考えてみてください。

●重点対応先⑷……再生させる先

重点対応先の４つ目は、再生させる先です。

地域金融機関として正しく支えることで、最も価値を感じてもらうことができるのが、このカテゴリーに該当するお客様です。再生の支援自体は、支店単独ではなく、本部と一緒に行っていくと思いますが、重点対応先としてラベルをつけておきます。

●自然体でいい先

既存先のうち、「守る先」「攻める先」「育てる先」「再生させる先」のどれにも該当しないお客様は、自然体での対応とします。

取引を切るわけではなく、あくまでも自然体です。近隣の重点対応先を訪問した際に顔を出す、半年に1回程度は寄ってみる、などで対応をしていく先となります。

【取引なし】

●取引開始をねらう先

既存先から「攻める先」を選定しても、将来に向けた基盤拡大という点では、まだ十分ではありません。純粋新規先の開拓を行い、顧客基盤を広げる活動も重要です。

新規先ゆえに、「このお客様」という特定は、現時点でねらっている先しかできません。しかし、営業活動時間の一定割合を、純粋新規先の開拓活動に割けるようにはしておきましょう。

◇選定した先をチェックする

重点対応先の選定は、迷わずに自信を持ってできたでしょうか。営業力強化の入り口に当たる大事な工程であり、ここで失敗するわけにはいきません。

判断に迷う先もあったかと思いますが、それらは、支店長がよく知らないお客様のはずです。

支店長が迷った先は、役席や営業担当者の言うことをうのみにはせず、支店長自身がお客様と会い、話をして、自分の目で確かめ納得したうえで、判断することを心がけてください。それだけの価値がある工程です。

ちなみに、A・T・カーニーが支援するケースでは、支店長と本部の営業部署との間で、重点対応先を「握る」（合意する）ことを推奨しています。支店長に

・収益貢献度（取引額）が高いのに、「守る先」から外したお客様の理由
・収益貢献度（取引額）が低いのに、「守る先」に加えたお客様の理由
・「攻める先」「育てる先」の選定理由

を、個別先ごとに説明してもらい、営業部署が納得できればオーケー。納得できない場合には、再度の打合せ機会までに、支店長に理由を語れるように準備してもらいます。このとき、役席や営業担当者からの、情報の又聞きは禁止にします。

支店長が自らの目で確かめて、次の打合せで自信を持って判断理由を説明してくれるようであれば、営業部署も納得して、重点対応先を合意します。

このプロセスは、手間もかかり大変ですが、支店長が自店のお客様のことを理解する、とてもいい機会になります。

最後に、重点対応先の数が適切かもチェックしましょう。

重点対応先は、取引を獲得するための分母となるので、支店長は多めに保持したがる傾向があります。心情はよくわかります。

しかし、数を多くしすぎると、「薄い理解」と、「だれにも同じようなサービス」しか対応できなくなってしまう危険があります。これでは、元も子もありません。

お客様を深く理解し、いわゆる提案（ソリューション）営業を行おうとしたとき、1人の営業担当者が適切に対応できるのは何先くらいでしょうか。支店のロケーション（お客様の密集度や、移動にかかる時間）や、現在の営業担当者のスキルレベルもふまえて、1人何先まで対応可能、という数を考えてみてください。

そして、選定した重点対応先数が、対応可能先数を大きく上回っているようであれば、選定の目線を上げて、重点対応先を絞る必要があります。

重点対応先は、一度決めたらいつまでも使い続けられるものではありません。お客様の状況も、支店の状況も変わります。年に1回は、いまの重点対応先で大丈夫か、入替えは必要ないかを、見直すようにしてください。

4 活動方針を決める

◇一律の活動ではダメ

重点対応先が決まったら、それぞれの先に対して、だれが、どの頻度で、どのような訪問をするか、方針を考えましょう（図表3－4）。

ポイントは、「それぞれの先」です。

営業担当者の時間は、潤沢にはありません。一つひとつの活動を意味あるものにするためには、営業担当者の活動と、お客様が期待するもの・喜ぶことを、できるだけマッチさせておきたいところです。そしてもちろん、お客様ごとに期待するもの・喜ぶことは違います。

つまり、重点対応先はすべて「地区別の営業担当者が、週に1回は必ず訪問。支店長か次長が1カ月に1回は顔を出して、社長に挨拶する」といった、一律の活動方針では、意味をなしません。

活動方針は、提供者側（＝自分たち）の理論だけで決めるのではなく、受け手側（＝お客様）に寄り添って考えていくことが必要です。

図表３－４　活動方針①

活動方針の策定例

	実権者のニーズ	担当者	頻度	訪問の内容
A社	・メイン行には、いざというときに守ってくれる安心感がほしい ・常日頃から、緊密な信頼関係をつくっておきたい	・地区別の担当者＋支店長	・担当者：週１回 ・支店長：月２回	・担当者は、お客様のことを理解する活動に注力 ・支店長がきちんと見ている、という安心感を醸成
B社	・従業員取引もあるため、銀行には、頻繁に訪問してもらえると嬉しい	・地区別の担当者	・週１回	・顔を出すことを優先 ・訪問は短時間で可
C社	・海外取引が主流のため、為替の動向等、今後の見通しを、理由も含めて知りたい	・地区別の担当者＋役席	・月１回～月２回	・本部関連部署から情報を入手し、実権者の関心あるテーマについて見通し情報を提供

なお、ここでいう「お客様」とは、銀行取引の最終意思決定者です。通常は社長（実権者）となります。企業の「番頭さん」的な人ではないですし、ましてや、経理の担当者でもありません。実際には、番頭さんの存在が大きな企業もあるでしょう。そういう先は、実権者＋番頭さんの双方の期待するもの・喜ぶこと、を確認してください。番頭さんのみではダメです。実権者と番頭さんの目線は違うため、番頭さんのニーズのみに対応していては、実権者のお眼鏡にかなうのはむずかしくなってしまいます。

◇実権者のニーズは多様

中小企業の実権者に、銀行の活動に関してインタビューすると、聞かれるニーズはじつにさまざまです。典型的なものをいくつか紹介します。

・守ってくれる安心感がほしい……〝地域金融機関に冷たい対応をされたら、中小企業なんて、あっという間につぶれる。いざというときに頼れるのは、やはり地元の金融機関。困ったときでも助けてくれるという姿勢が伝わってくると安心する〟

・頻繁に訪問してほしい……〝従業員取引もしているから、ちょくちょく顔を出してくれると、従業員は助かる。自分のところには、2週に1回くらい顔を見せてくれればいい〟

・こちらの用事があるときだけでいい……〝銀行が来てくれるのは、うちのことを気にかけてくれている証なので嬉しいけど、対応に時間がとられるので面倒にも思う。メインバンクの人が来るというのに、袖にするわけにもいかないし〟

・地域金融機関の役員と関係を持ちたい……〝銀行は、支店長も担当者も3年くらいで異動してしまうので、長期目線での付き合いがしにくい。将来の不安を少なくするために、頭取とは言わないまでも、役員との関係は持っておきたい〟

・支店長と懇意になっていたい……〝融資の相談をするときに、頼れるのは、担当者ではなく支店長。支店長と日頃から話をして懇意になっておくことが、企業を守るための、自分の役割だと思っている〟

・事業の役に立つことを言ってほしい……〝顔を見せるだけの訪問であれば、こっちも忙しいので来なくていい。訪問頻度が3分の1になっても4分の1になってもかまわないから、当社の役に立ちそうなことを考えて、ぶつけてくれるほうがはるかに嬉しい〟

・経済情勢の展望を教えてほしい……〝海外でもビジネスをしているので、この先の経済情勢は気になる。自分でも考えているけど、ほかの人の考えも知りたい。当たる・当たらないはどうでもよく、どんな情報や背景から、展望を導いたのかを聞きたい〟

7つ紹介しましたが、これらはまだニーズの一部です。

まっさきに実権者が語るニーズも、訪問頻度に関するものもあれば、人とのつながりに関する

図表3－5　活動方針②

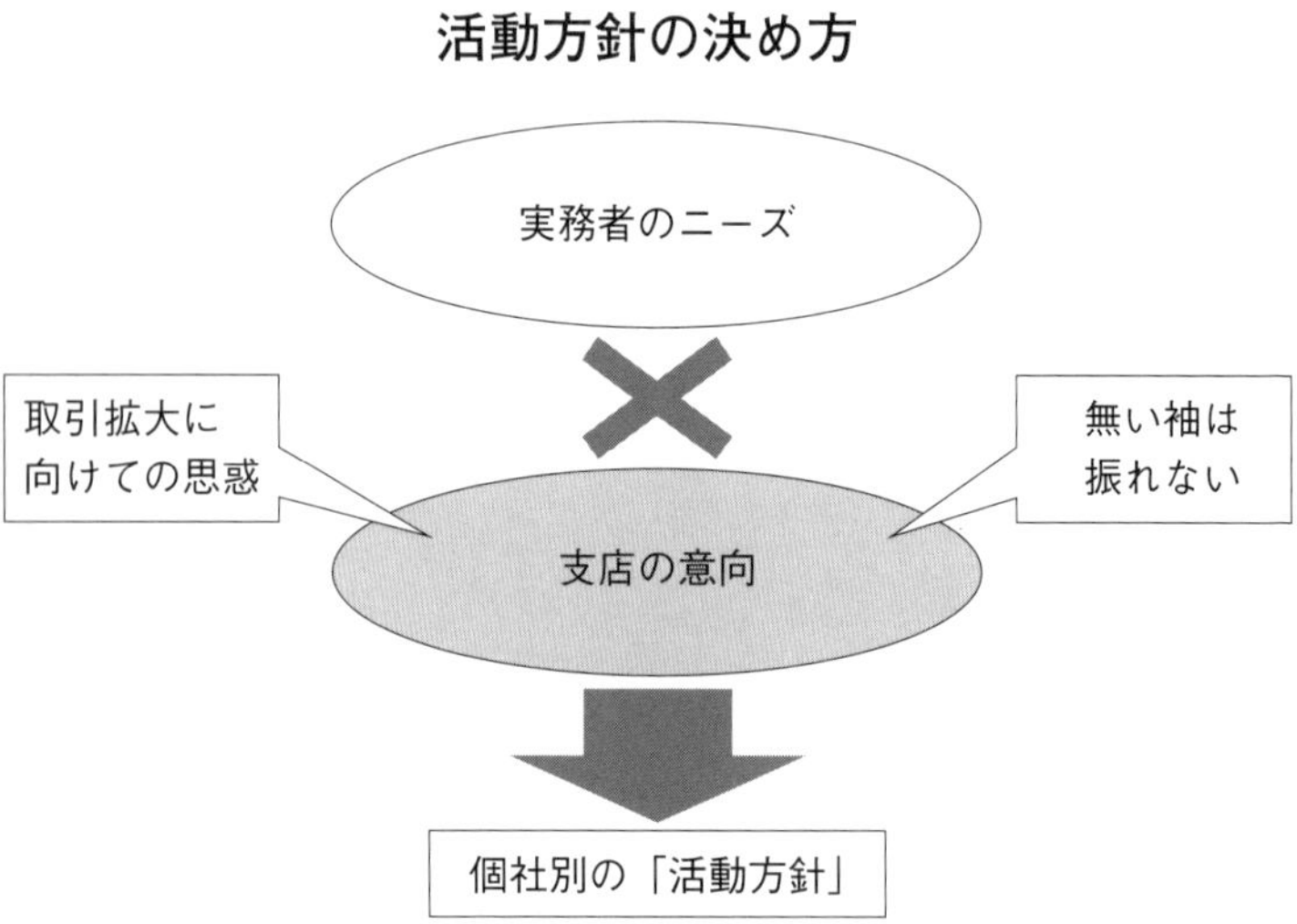

もの、面談の内容に関するものとさまざまです。

「実権者のニーズ」と一口に言っても多種多様なため、同一の方針のもとで活動を行うのは、効果的ではないことが理解いただけると思います。重点対応先の「それぞれ」について、実権者のニーズを把握するよう努めてみましょう。

◇支店の意向もふまえて方針決定

実権者のニーズが把握できたとしても、そのまま応えればいい、というわけではありません。支店側の都合や事情もあります。

そこで、「実権者のニーズ」×「支店の意向」の2つの側面から、活動方針を決めます。

支店の意向には、「取引拡大に向けての思惑」があるでしょう。実権者が「番頭さんとだけ会っていればいい」と話していたとしても、それでは取引拡大にはつながりにくいため、額面どおりに受け入れるのは考えものです。頻度は低くても、実権者とは定期的に会えるような工夫を、活動方針に盛り込まなければなりません。

また、「無い袖は振れない」ということもあります。重点対応先の実権者のニーズにすべて応えるには、支店のリソース（営業担当者の頭数・スキルなど）が足りないこともありえます。もちろん、リソース不足をいつまでも放置していいわけではありませんが、当面の方針としては、できる範囲での現実解を探していきます。

このようにして、重点対応先のすべてについて、実権者のニーズを出発点として、支店の意向も加味して、活動方針を決めていきます（図表3－5）。

5 お客様の理解を深める

◇「お客様の理解」とは何だろう

この章の冒頭で、「お客様の理解」は必須の強化ポイントだと述べました。皆さんのところでも、「お客様のことを理解せよ」と言われているかと思います。

ところで、「お客様の理解」って何でしょうか。支店長から若い営業担当者まで、お客様の何を理解すればいいか、共通の理解となっているでしょうか。

社長はゴルフが趣味で、慶應大学出身、お酒は焼酎が好き。こうしたお客様の情報も、コミュニケーションを円滑にするためには大事です。しかし、お客様の本業に役立ち、銀行取引も拡大させるには、これだけでは心許ないです。

「バズワード」（buzzword）という言葉があります。「一見、説得力のある言葉のようにみえて、じつは定義や意味があいまいなキーワードのこと」（『知恵蔵』より）です。

「お客様の理解」は、まさにバズワードになっていそうです。だれもが、お客様を理解することには同意しているものの、その中身はあいまいで、解釈の余地が大きくなっています。

お客様の理解の先には、企業・実権者の役に立ち、頼られて、銀行取引につなげることがあります。この観点から、具体的に何を理解すればいいのかまでかみ砕いて、定義・共有する必要がありそうです。

◇「アカウントプラン」が書けるようになろう

A・T・カーニーが支援する際、重点対応先については、正しいお客様理解を促すために「アカウントプラン」の作成を推奨しています。

私は、多くの管理ツールをつくるのは好きではなく、本当に大事なものだけに絞りたいと思っています。「アカウントプラン」は、その1つです。すでに行（庫）内にある「お客様カード」と、根源的には同じ目的のものですが、どうやら「お客様カード」＝形骸化して使えない、というイメージも少なからずあるようなので、名前を変えています。

「アカウントプラン」は、〝お客様カルテ〟と、〝活動管理表〟の2つから成り立ちます。ここでは、お客様理解のために使用する〝お客様カルテ〟（図表3－6）について説明します（〝活動管理表〟は、第4章で説明します）。営業担当者に対して、ここに記載の観点を参考に作成するよ

図表3－6　アカウントプラン（お客様カルテ）

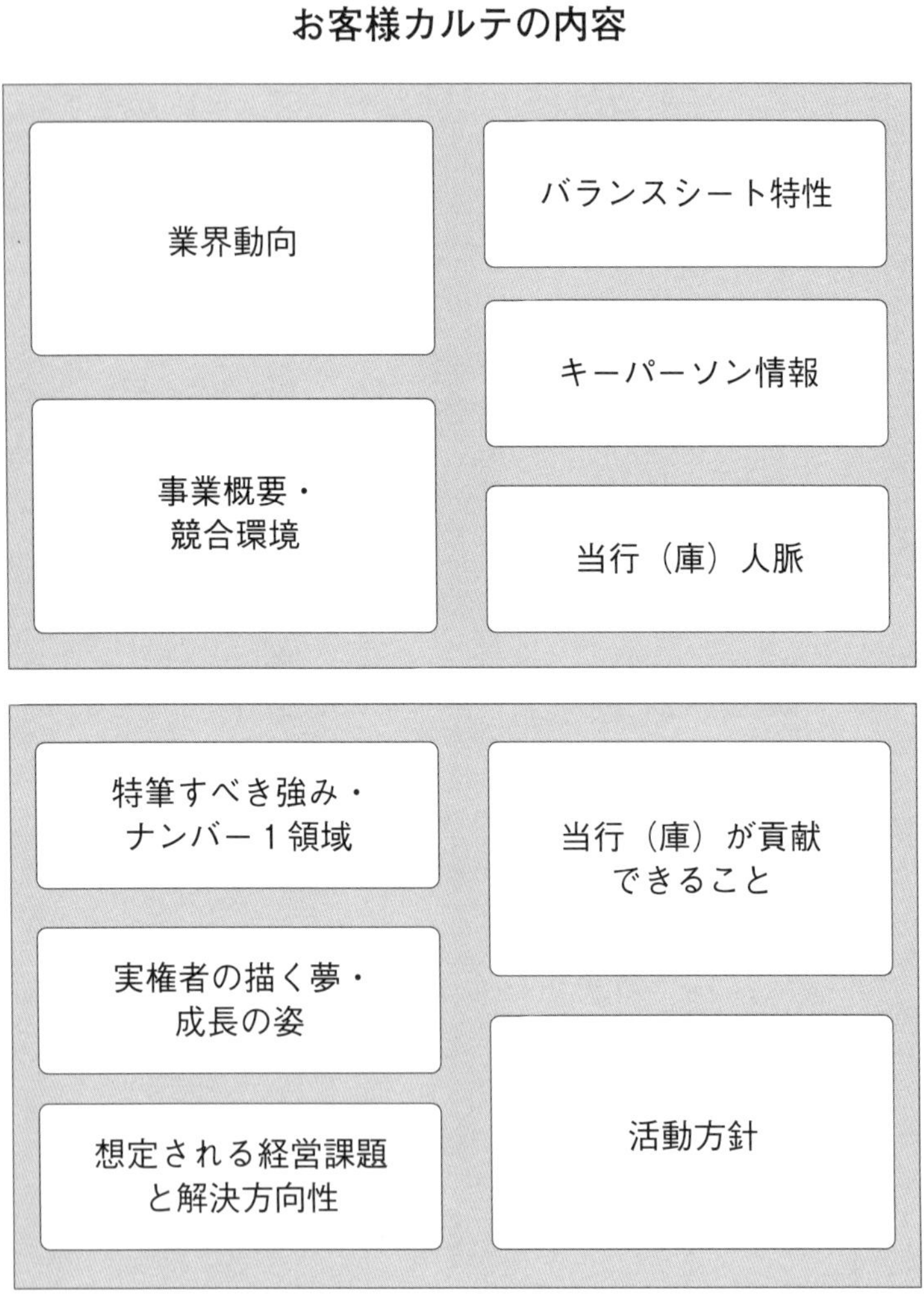

う、指導してほしいと思います。

【業界動向】

お客様理解の入り口として、大局的な視点から、お客様の属する業界の理解を深めておきましょう。業界動向を把握できていれば、お客様と事業の話をする際の、取っ掛かりには十分になります。

主な情報収集源に『業種別審査事典』（金融財政事情研究会）があります。ほとんどの地域金融機関で購入していると思いますが、活用できているでしょうか。これまで、支店長室の書棚に「○○銀行XX周年史」と並んで鎮座しているのを、残念ながら何度も見たことがあります。こうした姿を見ると「あっ、この支店では使ってないな」「業界理解に関する意識づけが低いのだろうな」と思ってしまいます。いまでは、イントラネットでも利用できるようなので、活用度が上がっているといいのですが。

『業種別審査事典』の最新版（第13次）では、約1500の業種について、次のような情報が掲載されています。

- 審査の着眼点
- 業種の理解（業種の定義・特色、市場規模、主要地域分布）
- 業界の動向（需給動向、海外展開、課題と展望）

・業種の内容・特性（商品種類・特性、流通経路、販売・サービス形態など）
・審査のポイント（取引形態と条件、資金需要、財務諸表の見方、キャッシュフロー分析）
・取引推進上のポイント（既取引先の取引深耕、新規取引先開拓）
・関連法規制・制度融資等
・業界団体

お客様理解の入り口として業界の概要を知るには、必要にして十分な情報です。書名にある「審査」だけに使うのは、もったいない書籍となります。

【事業概要・競合環境】

お客様が、どのようなビジネスをしているのか、扱う商品・チャネル・販売先などを整理していきます。

前の「業界動向」で整理した情報は、あくまでも業界の一般論・平均のため、お客様の状況とは必ずしも一致しません。そこで、一般論・平均と、お客様の実態との「差分」を見つけ「事業概要」に記載していきましょう。たとえば、業界平均の売上高営業利益率＝5％に対し、お客様が15％だったならば、差分の10％を生み出している背景に、お客様の強みや特徴があるのでは、と考えていくわけです。

あわせて、競合環境も整理しておきます。

「競合環境」という項目名を見て、「○○銀行」（県内の他行名）と、銀行取引上の競合を記載した営業担当者が何人かいましたが、ここで整理するのは、お客様のビジネス上の競合です。県内の同業者なのか、異業種からの参入があるのか、また海外勢が競合になっているのか、などを理解しておきましょう。また、競合の経営への影響度合いも把握しておくといいでしょう。

【バランスシート特性】

お客様の、安定したバランスシートをつくりあげることは、金融機関の大事な役割です。最新のバランスシート（特に、負債勘定）を確認して、改善すべき余地が残されていれば記載します。

【キーパーソン情報】

実権者や番頭さんなど、お客様のキーパーソンごとに、銀行に対する期待・ニーズ、銀行取引決定時の権限や役割、当行（庫）との親密度、関係の深い金融機関を整理しておきます。

【当行（庫）人脈】

支店メンバー以外で、お客様のキーパーソンと関係の深い人がいるなら、記載しておきます。いざというときに、頼りにできるからです。

お客様との付き合いが長い役員や、昔の支店長・営業担当者（特に、キーパーソンからの評価が高かった人）、取引開始時の営業担当者などが候補になるでしょう。

【特筆すべき強み・ナンバー1領域】

お客様の「凄い」ところを探してみましょう。

「営業利益率が業界平均の3倍」などと書くだけでは不十分です。これは結果です。結果を生み出している「真の強さ」「具体的な強さ」を考えてください。ビジネスの発想力・技術力・商品開発力・営業力・人材、といった切り口から出てくるかもしれません。

さらに、お客様に「ナンバー1」の領域がないかも調べます。特定の地域でのナンバー1でも、きわめて狭い領域でのナンバー1でもかまいません。一番というのは、どのような範囲であっても素晴らしいことなので、取引する地域金融機関として、きちんと認識しておきましょう。

ホームページを見る、会社案内を確認する、地元紙に掲載された記事や社長インタビューを調べる、社員との会話から探る、ビジネスプロセスの上流・下流に位置する企業に聞いてみるなど、本気で調べようと思えば、いくらでも方法はあります。

また、ここで発見したことは、「アカウントプラン」に記入するだけでなく、面談時の話題にも盛り込みましょう。「事業のことを理解しようとしている」姿を見せられることはもちろん、良い点を話題にされると実権者は嬉しいため、優しく・饒舌に接してくれる可能性が高くなります。特に、実権者との関係が薄い段階には効果的です。

【実権者の描く夢・成長の姿】

「お客様の本業に貢献しよう」とよく言いますが、貢献の仕方は、取引先の紹介など売上げへの協力だけではありません。

お客様と長い付き合いをしていくなら、実権者が何を目指しているのか理解しておくことは、とても大事です。理解したうえで、実権者の思い描く夢に向かって寄り添っていくことが、本当の意味での本業貢献だと考えます。

この項目は、実権者との関係が薄いうちは、記載がむずかしいでしょう。それでも、ホームページや会社案内にある「社長あいさつ」には、なんらかのヒントが隠されている可能性が高いです。必ずチェックをしてみてください。

【想定される経営課題と解決方向性】

これまで見聞きしたこと、「アカウントプラン」で整理したこと、財務諸表などの計数にあらわれていること、などを材料にして、お客様の抱える課題を想定してみましょう。時間軸も、現在だけでなく、将来にも目を向けて考えてみてください。業績好調な企業であっても、何かしらの課題はあるはずです。

営業担当者が書いたものを見ると、「売上げの低下」「コストの上昇」「利益率の低下」といった、すべての会社に当てはまるレベルの記載にとどまっていることも珍しくありません。その会社ならではの記載になるまで、踏み込んで考える必要があります。

課題をいくつかあげることができたら、それぞれの重要性も考えてみます。課題には、すぐに対処しなければ今年中にも経営が傾くレベルのものから、放っておいても経営には大きな影響がないものまで幅広くあるため、一緒くたに扱わないように注意しましょう。

そして、重要な課題については、解決のためにとりうる策も考えてみます。

解決策の記載で、残念ながらありがちなのが「コインの裏返し」と呼ばれるものです。
・売上げが低迷しているから、売上げを伸ばそう
・コスト負担が重いから、コストを削減しよう
・利益率が下がっているから、利益率を向上させよう
どれも書いている意味がないことは、明白ですね。より具体的な方向性となるよう、たとえば
・商品別の採算管理を行い、不（低）採算商品を特定する
・特定した商品の採算性向上のために、卸売価格を5％値上げしてみる
・3カ月以内に採算性改善の兆しが見えなければ、販売停止に踏み切る
といったレベルで記載できるよう、考えてみましょう。

【当行（庫）が貢献できること】

「実権者の描く夢・成長の姿」と「想定される経営課題と解決方向性」について、自分たちに

図表3－7　提案（ソリューション）営業

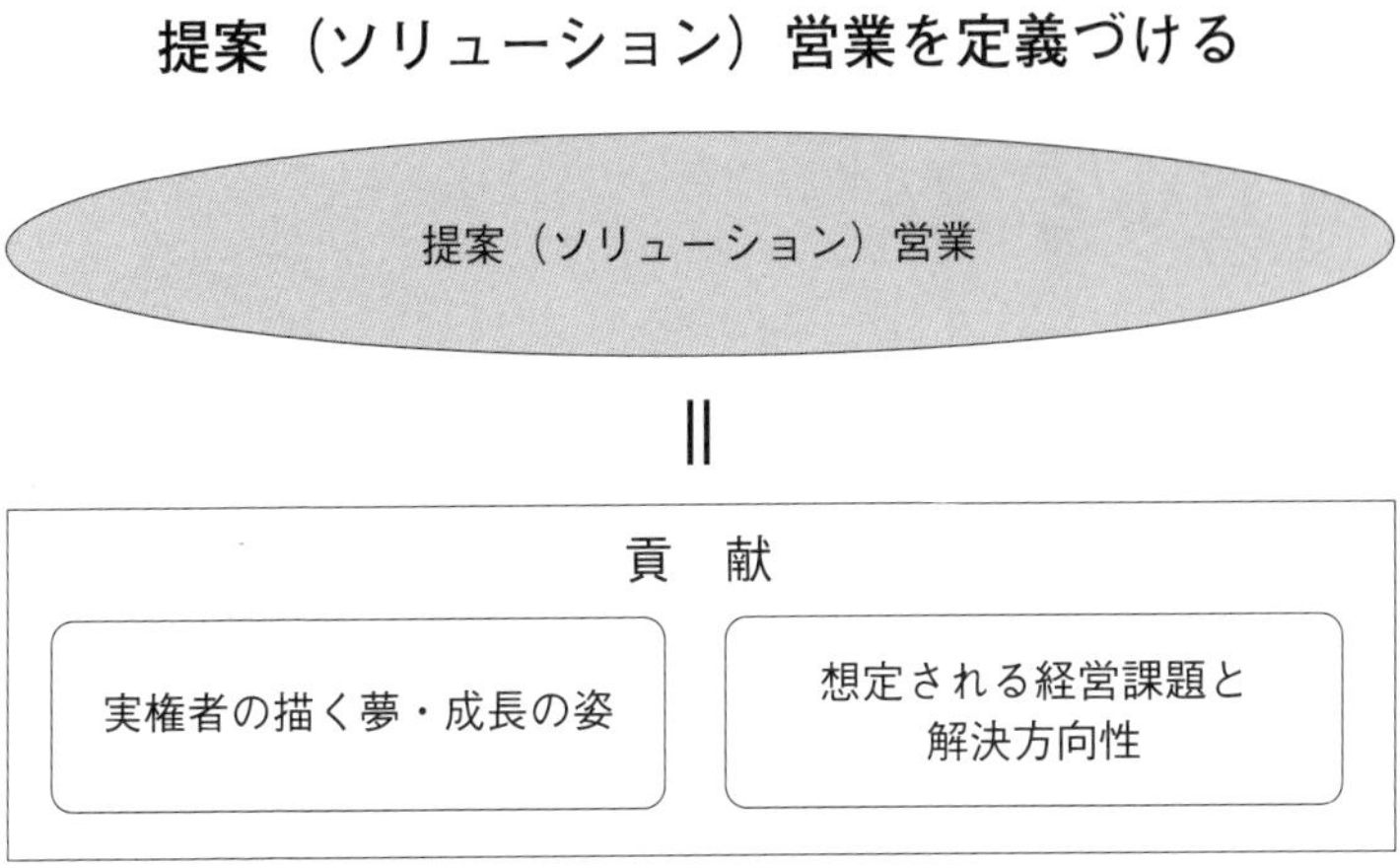

何ができるかを考えてみます。もちろん、すべてを自分たちだけで完結させる必要はありません。適切な企業や人を紹介することで貢献できるものでもかまいません。

ここで考えたことが、提案（ソリューション）営業のネタ元となります。実権者との面談の材料として、投げかけてみましょう。

ちなみに、先ほど「お客様の理解」がバズワードになっていると言いましたが、「提案（ソリューション）営業」もバズワードだと思っています。

営業担当者に「1カ月に提案営業は何件くらいやっているの」と尋ねたところ、「数十件です」と回答があって驚いたことがあります。聞いてみると、投資信託のパンフレットを持ってお客様のところに行き、「投資信託の提案をした」から提案営業だそうです。

とある、ＢｔｏＢでのビジネスを行っているメーカーの社長は、自社の営業担当者が「競合他社よりも、安い価格を提案して喜んでもらうことが、提案営業だと思い込んでいる」と嘆いていました。さすがに皆さんの支店では、競合よりも有利な金利や条件を提示することを、提案営業だと思っている営業担当者はいないですよね。

営業担当者と話をしてみて、「提案（ソリューション）営業」の定義があいまいだと感じたら、「実権者の描く夢・成長の姿」と「想定される経営課題と解決方向性」について貢献すること、と定義づけてしまいましょう（図表3－7）。

【活動方針】

本章で説明した「活動方針」（だれが、どの頻度で、どのような訪問をするか）も、「アカウントプラン」に記載しておきます。

◇わからない項目は、お客様に聞く

事業性評価と同様に、「アカウントプラン」（お客様カルテ）も、「つくる」「埋める」ことが目的とならないよう十分に注意してください。数多くつくることを優先するあまり、どこの会社にも同じようなことしか書かれていない、中身が薄っぺらな「アカウントプラン」では、意味がありません。

目的は、「アカウントプラン」の作成を通じてお客様について一所懸命に考えること、そして、実権者との関係構築・深化、本業へのお役立ち、銀行取引の拡大へと活かしていくことです。

A・T・カーニーが支援したケースでは、「優秀な」支店長・営業担当者は、ほぼ例外なく、担当するお客様の「アカウントプラン」を、高いレベルで記入できました。常日頃から、お客様の役に立つために、何を理解しておけばいいかを意識して活動をしていたことがわかります。

お客様の理解ができていれば、「アカウントプラン」の作成に時間はかかりません。反対に、理解が足りていなければ、作成には時間を要します。必要とされる基礎的な理解が欠けていた、ということなので、時間がかかったとしても整備をしていくべきです。

もちろん、初期の段階からすべての項目が完璧に埋まる必要はありません。最初は、「こんな感じかな」という仮説でかまいません。場合によっては、仮説すら思い浮かばない項目もあるかもしれません。

それでもいいので、できるところまで考えたうえで、実権者に投げかけてみましょう。「お客様のことを理解したい」という思いが伝われば、実権者は自分の考えを語ってくれます。また、考えた仮説が違っていれば、正しいことを教えてくれます。

こうして磨き上げられたアカウントプランは、支店にとっての貴重な財産です。

◇「アカウントプラン」は最高のコミュニケーションツール

「アカウントプラン」は、コミュニケーションのための力強いツールです。

「実権者の描く夢・成長の姿」や「想定される経営課題と解決方向性」から導き出した、「当行（庫）が貢献できること」は、実権者と本業支援の可能性について議論する際の、格好の材料になります。

支店長から、「若い営業担当者は、実権者と話をするのが苦手だ」という話も、よく聞きます。何を話せばいいのかが、わからないようです。こうしたときこそ、「アカウントプラン」を使うことで、

・業界平均の利益率が5％だと聞いたのですが、なんで社長のところはその3倍もあるのですか。秘訣は何ですか

・○○の領域でナンバー1だと知ったのですが、ナンバー1になるために、大変なこともたくさん乗り越えてきたのですよね。よろしければ、話を聞かせてください

・ホームページに「アイデアと技術力で驚きを与える会社」になりたいと書いてありましたが、これについて少し詳しく教えてもらえますか

など、会話のきっかけは、いくらでもつくれます。

また、営業担当者が、お客様の強さ・凄さを見つけられている場合には、話題に組み込むようにさせてください。実権者は、手柄を雄弁に語ってくれるでしょう。「相手を気持ちよくさせること」は、営業の大事なテクニックでもあります。

金融庁の「企業ヒアリング」にもあったように、実権者は「会社・事業の理解」を望んでいます。そして、金融機関からの一般的・汎用的な情報提供には満足していませんでした。「アカウントプラン」を活用した、お客様理解の仕組みをつくり、自分の考えや仮説を実権者に投げかけ、実権者の思いを聞くことができるようになれば、お客様との関係性は、より一段と深いものになっているでしょう。

●「お客様の理解」に関して、やってみようと思ったこと

第 4 章

活動プロセスの高度化(P)

1 現状チェック

自信を持ってYESと言えますか？

□ 他店の「優秀な」支店長のノウハウを、積極的に学び、指導に活かしている
□ 自店の「優秀な」営業担当者がしている工夫は、他メンバーにも共有している
□ お客様との関係性の変化に意識を向け、敏感になっている
□ 成果だけでなく、営業担当者の活動・プロセスを意識した指導ができている
□ 営業担当者は、お客様との長期の関係構築・深化を意識した動きができている

2 結果を出すためのノウハウを整備する

◇営業担当者の質を高める

現場営業力を〝アップしよう〟（UP－SIYO）のP。活動プロセスの高度化（Process）で

す。

これまで地域金融機関は、営業活動の「結果」、すなわち融資などの契約をどれだけ獲得できたかに着目して、マネジメントしてきました。近時になって、「プロセス」主体のマネジメント・評価をする地域金融機関も登場してきましたが、まだまだ少数派といえましょう。

お客様の資金需要が旺盛で、取引獲得につながる芽が豊富なときは、結果主体のマネジメントでも問題ありません。営業担当者のスキルがそこまで高くなくても、一定の取引を獲得することができます。

しかし、環境は変わりました。お客様の資金需要は、活発ではありません。銀行取引の獲得よりも、お客様の事業の役に立つことを第一に考えるべき時代になっています。

そうしたなかで、中小企業対応の経験が乏しい営業担当者たちが、今期の業績目標を達成するために、短期・刈取りの目線をギラギラさせながら一所懸命に走り回っています。

営業活動の「質」が伴ったうえで走り回っているならいいですが、そういうわけでもなさそうです。こうなると、「どの金融機関もたいした違いはなく、結局は金利でしか比べるものがない」という不毛な低金利競争が続いてしまうだけです。

他の業界を見ても、「安さ」だけが差別化要素になっている会社は、苦境に陥っています。地域金融機関の主たる取引先である中小企業も含めて、正しいプライシングが、経営の大きなテーマとなっています（参考図書：田中靖浩『良い値決め　悪い値決め』）。

地域金融機関も、本質的には同じでしょう。低金利の競争（スプレッドの食いつぶし）は、早晩、限界がきます。低金利競争から脱却するためにも、営業担当者の「質」を高めていくことは、喫緊の取組テーマです。

◇お客様との関係性に着目する

営業担当者の質を高める際にも、「優秀な」支店長・営業担当者が行っている工夫（ノウハウ）には、学ぶべき点が多くあります。第2章でも触れたように、地域金融機関は、「優秀な」支店長・営業担当者から十分に学べていません。もったいないことです。自行（庫）内や、支店内など、各所に散らばるノウハウを結集してみましょう。

ただし、ノウハウの結集のさせ方には工夫が必要です。

よく見る営業マニュアルは、「やること」だけがたくさん書いてあります。あれをやろう、これをやれ、と。この手のものは、ネタ元として悪くないのですが、「言われたこと（書いてあること）だけをやる営業担当者」「考えない営業担当者」ができやしないか、心配です。

図表4－1　「営業マニュアル」と『勝利の方程式』

『勝利の方程式』は、お客様との関係性に着目した、進化していくツール

よくある「営業マニュアル」	『勝利の方程式』
やることが主体	お客様との関係性が主体
つくったら完成（静的）	つくった後も進化（動的）
書いてあることをやる営業	考える営業
（うまく結果が出ないと）使われなくなる	（うまく結果が出ないと）目的に照らして進化させていく

また、望む結果が伴わなかったときには、〝営業マニュアルが悪い〟と「他責思考」になり、時間をかけて整備したマニュアルが使われなくなる、という悲しいことも起こりえます。

そこで、ノウハウを結集する際は、「お客様との関係性」に着目して、『勝利の方程式』というかたちで整備することを、おすすめします。

『勝利の方程式』のなかには、「優秀な」支店長・営業担当者から学んだ「やること」も含みますが、それがすべてではありません。もしも結果が伴わなければ、定義した「お客様との関係性」という目的に照らして、どんな行動をすれば、より良い関係を築けるだろうか、と考え、進化させていくことを前提につくっていきます（図表4―1）。

3 ノウハウを『勝利の方程式』に結集する

◇『勝利の方程式』とは何か

「勝利の方程式」という言葉の語源を、インターネットで調べてみました。長嶋茂雄さんが読売ジャイアンツの監督だった当時、試合の中盤まで勝っているときに、最後までリードを守りきるために繰り出した、橋本清投手⇓石毛博史投手の必勝継投策を「勝利の方程式」と銘打ったことが始まりのようです。

・失敗することもあるが、勝つ確率が高い定石
・目的は、方程式を守ることではなく、勝つこと

現場営業力を強化するための『勝利の方程式』も、考え方は一緒です。

営業の目的を達成するために、成功確率が高く、営業担当者に行ってほしい思考・行動を、営業プロセスごとに整理したものが『勝利の方程式』です。

◇『勝利の方程式』を構成する3つの要素

『勝利の方程式』は、「ゴール」「ハードル」「具体的行動」の3つの要素から成り立ちます（図表4－2）。

①ゴール

営業としての「ゴール」は、融資の獲得・ソリューション提供による手数料の獲得、と言ってしまえばそれまでですが、融資はお客様のタイミング次第でもあります。どんなにお客様の信頼を得ることができたとしても、投資予定時期が来年であれば、いますぐの取引、というわけにはいきません。

そこで、『勝利の方程式』での「ゴール」は、その一歩手前となる、最終的にたどり着きたい、お客様と当行（庫）・自身との良好な「関係性」で定義します。たとえば、次のようなものが「ゴール」の候補になるでしょう。

［新規先］次の資金ニーズが生じた際には、当行（庫）にも声をかけてもらえる
［既存先］実権者に何か悩みが生じた際には、まっさきに当行（庫）に声がかかる
［既存先］次の資金ニーズが生じた際には、他行（庫）と迷わずに当行（庫）を選んでもらえる

図表４－２　『勝利の方程式』

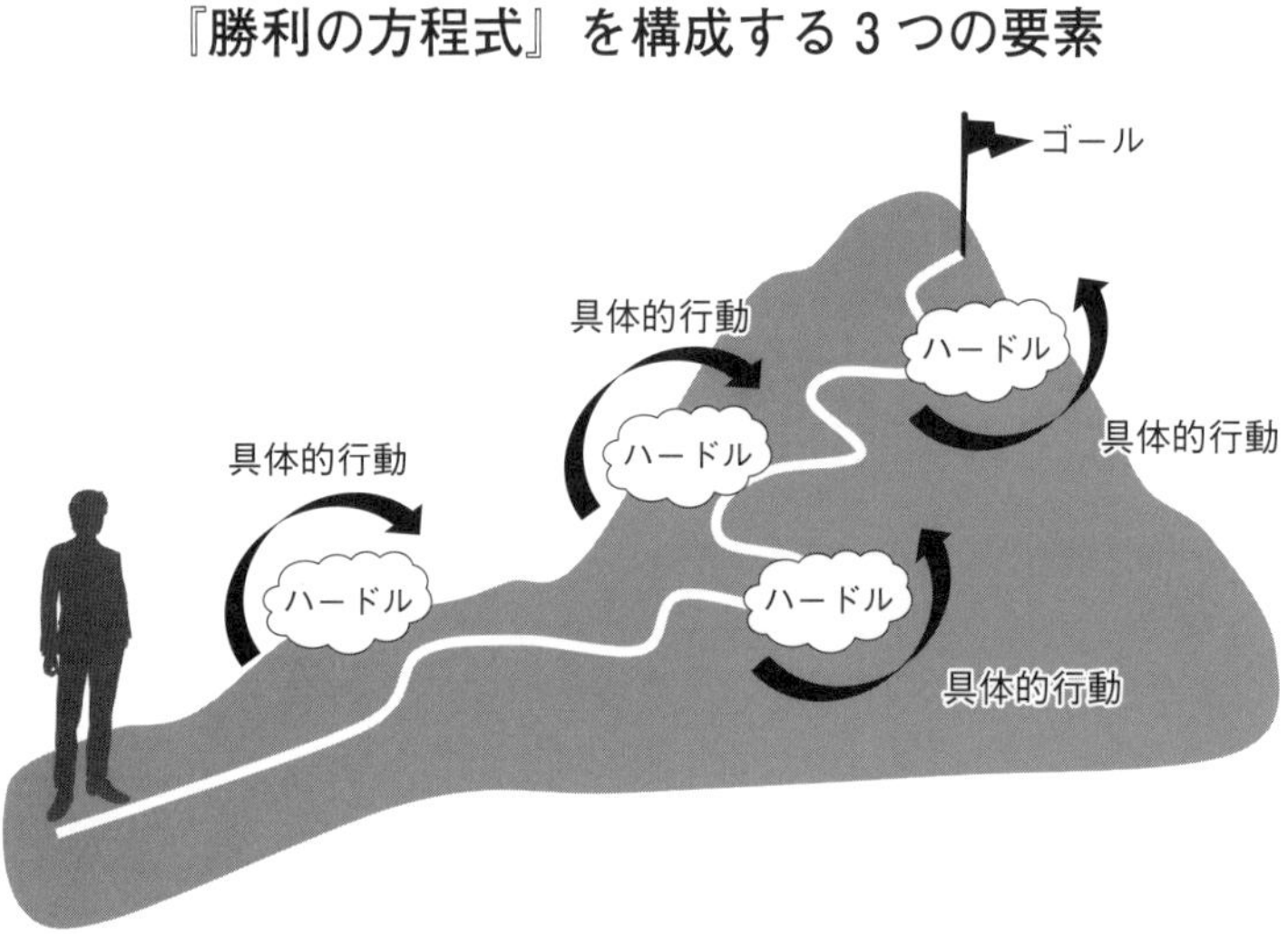

②　ハードル

「ゴール」の到達に向けた道中のなかで、次の営業プロセス（段階）に進むために乗り越えるべき壁を、「ハードル」として定義します。「ゴール」の小さい版です。

１つの「ゴール」に対して、「ハードル」は複数存在します。

実権者との間に、より良い関係性を築き上げるには、一歩一歩、確実に実権者の心を動かしていく必要があり、その段階のそれぞれが「ハードル」となります。たとえば、次のようなものが「ハードル」の候補になり、日々の営業活動は「ハードル」を乗り越えることが目的としてセットされます。

・前の営業担当者よりも、熱心だと思ってもらう
・お金に関することであれば、相談してもいいと認めてもらう

③　具体的行動

「ハードル」を乗り越えるために、成功確率が高く、解決策となりうるものが「具体的行動」です。これが、営業活動の手段となります。

「ハードル」に対して、この行動をすれば乗り越えられる、という必勝の1つがあればいいですが、そう簡単にはいきません。必勝の1つがないからこそ、壁として「ハードル」が立ち塞がっているわけです。つまり、1つの「ハードル」に対して、「具体的行動」は複数あります。

「ゴール」「ハードル」「具体的行動」は、次のような関係になります（図表4－3）。

・1つの「ゴール」に、複数の「ハードル」
・1つの「ハードル」に、複数の「具体的行動」

「具体的行動」は、その名が示すとおり、具体的に何をすべきかがわかるよう、かみ砕いて定義します。また、意識をすればだれにでも実践可能な内容にすることも必要です。たとえば、

・お客様の事業の強み・弱みを、実権者とディスカッションする

では、「具体的行動」としては抽象的すぎます。さらに踏み込んで

図表4－3　「ゴール」「ハードル」「具体的行動」の関係

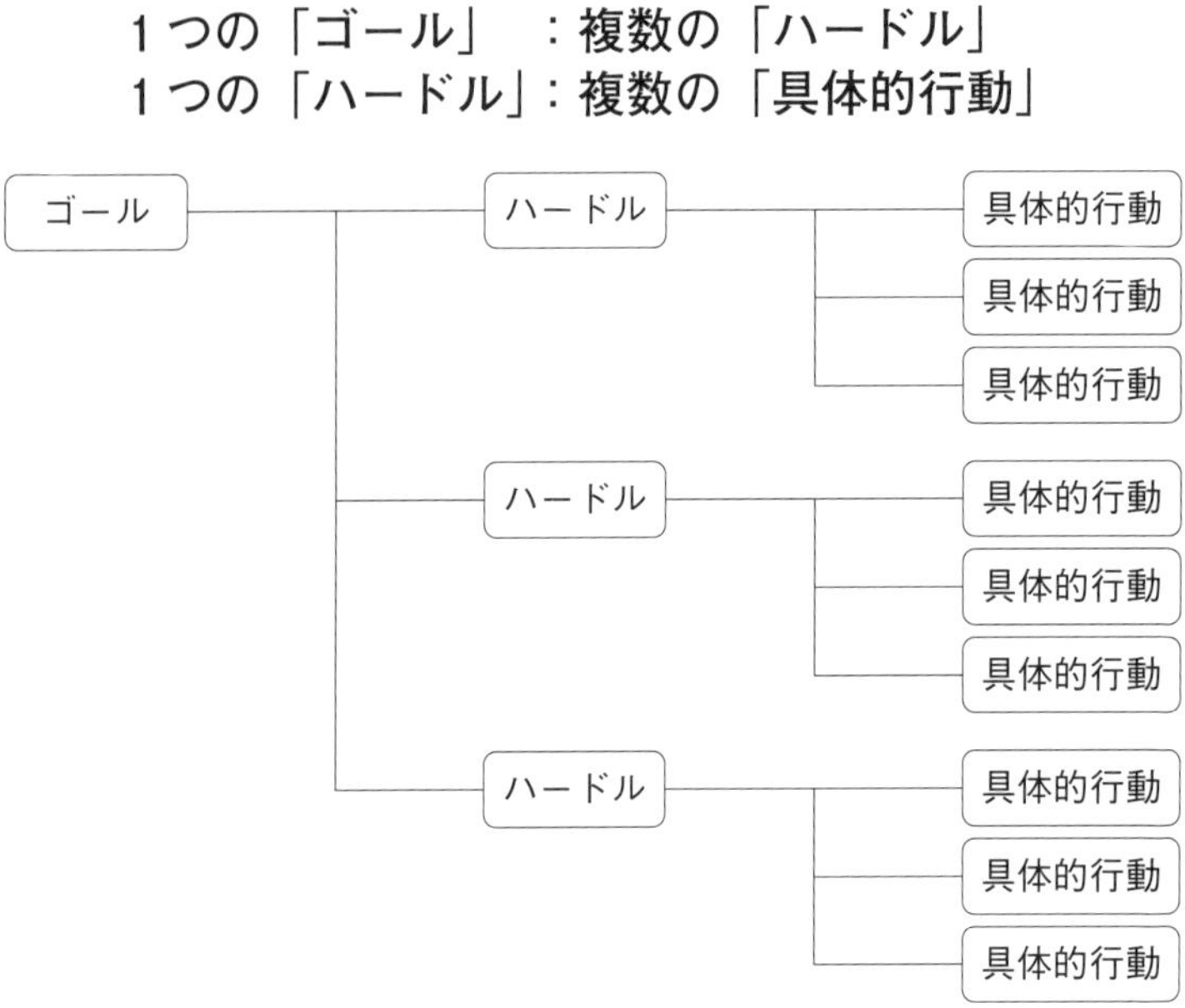

・『業種別審査事典』で主要経営指標の業界平均を調べて、大きく乖離するポイントについて考えを投げかけてみる

といったように具体的に示します。

営業の成功確率を高めるための「具体的行動」は、（必ずしも、『勝利の方程式』のようにプロセスで整備はされていないものの）多くの業界でノウハウとして活用されています。

たとえば、生命保険会社の営業担当者から、占いやバイオリズム診断などを受け取った経験はないでしょうか。あれはもちろん、生命保険会社が皆さんの幸運を気にかけ提供しているわけではありません。ただ、生年月日の情報が欲しいだけです。

生命保険の加入検討プロセスを前に進めるには、お客様に生命保険の設計書（見積書）を提示して保険料などをイメージしてもらう必要があります。設計書は、性別と生年月日がわかればつくることができますが、生命保険の加入を考えていない人に「生年月日を教えてください」とお願いしても、まず教えてくれません。

そこで、目先を変えて、占いやバイオリズムという、生命保険とは関係のない情報提供をネタにすることが、生年月日を入手するためのノウハウとして受け継がれてきたわけです。

そのほかにも、ペットショップでは子犬を抱かせ、アパレルショップでは試着をさせると、購買の確率を高めるためのノウハウが、さまざまなところで「具体的行動」としてとられています。

◇事例で『勝利の方程式』の理解を深める

『勝利の方程式』の理解を深めるために、事例で見ていきましょう。

「ゴール」は、既存先の実権者との関係強化を念頭に置いて、「実権者に何か悩みが生じた際には、まっさきに当行（庫）に声がかかる」ようになると設定してみます。

「ハードル」は、「ゴール」から逆算すると、次のようなものが典型像といえそうです。営業プロセスとしては、ハードル1からの進行となります。

【ゴール】

実権者に何か悩みが生じた際には、まっさきに当行（庫）に声がかかる

↑

【ハードル3】

実権者に、本業にかかわることでも、相談できる相手だと認めてもらう

↑

【ハードル2】

実権者に、お金に関することであれば、相談してもいいと認めてもらう

↑

【ハードル1】

実権者に、「熱心な担当者」「よく勉強している担当者」だと思ってもらう

「ゴール」も「ハードル」も、お客様との関係性・感情の推移となっていることを確認してください。

次に、「ハードル」を乗り越えるための「具体的行動」です。それぞれの「ハードル」につい

て、たとえばこんな感じでしょうか。

【ハードル1の「具体的行動」】

・お客様の「ナンバー1領域」「自慢したいであろうこと」を見つけて、訪問時に話題にする

・ホームページを見て、社長がキーワードとしている言葉・思いを調べ、なぜそれを大事にしているのか聞いてみる

・セミナーのパンフレットを渡す際に、お客様に役立つと考えた点を3つ箇条書きにして、パンフレットと一緒に渡す

・お客様の業界に関して役立ちそうな情報を本部から入手して、強調したいポイントに蛍光ペンで色を塗って渡し、説明する

・『業種別審査事典』で主要経営指標の業界平均を調べて、大きく乖離するポイントについて考えを投げかけてみる

【ハードル2の「具体的行動」】

・決算書を見て、バランスシートの改善ポイントを伝える

・資金繰り表の見本を見せて、経営への役立て方を説明し、初回は作成を代行する旨を伝える

・資金調達方法に関する最新の他社事例や、新たな補助金制度を紹介する

【ハードル3の「具体的行動」】
・お客様と同業種／異業種にかかわらず、県内で特徴的な事業戦略・対応をとった企業の事例を本部から入手して紹介する
・事前に作成した、「アカウントプラン」（お客様カルテ）の「想定される経営課題」を実権者に見せながら、課題仮説と、その根拠について説明する
・「想定される経営課題」に関する、解決方向性や当行（庫）が貢献できることについて、投げかけてみる

ここで紹介した「具体的行動」は、地域金融機関の「優秀な」支店長・営業担当者が、実際に行っていたことのなかから、一部を取り上げてみました。内容的には、まだ具体化していく余地が残っているものもありますが、『勝利の方程式』がどのようなものかは理解いただけると思います。

4 『勝利の方程式』をつくる

それでは、『勝利の方程式』のつくり方を、順に見ていきましょう（図表4－4）。

実効性の高い『勝利の方程式』をつくるには、自分だけの経験に頼らないで、いろいろな人の頭を借りることがポイントになります。

◇「ゴール」を定める

何を決めるにも、目指すものを最初に明らかにする必要があります。『勝利の方程式』も例外ではありません。

すでに説明したように、「ゴール」は融資の獲得など数字にかかわるものではなく、お客様との関係性の進化です。「だれとの間」で、「どのような関係性の進化」を目指すのかが、定めるべき「ゴール」となります。

「だれとの間」は、大きくはメイン先・非メイン先・純粋新規先に分けられます。もちろん、さらに細かく対象を設定してもかまいません。そのうえで、対象先ごとに「どのような関係性の進化」を目指すのかを考え、「ゴール」に設定します。

図表４－４　『勝利の方程式』をつくる

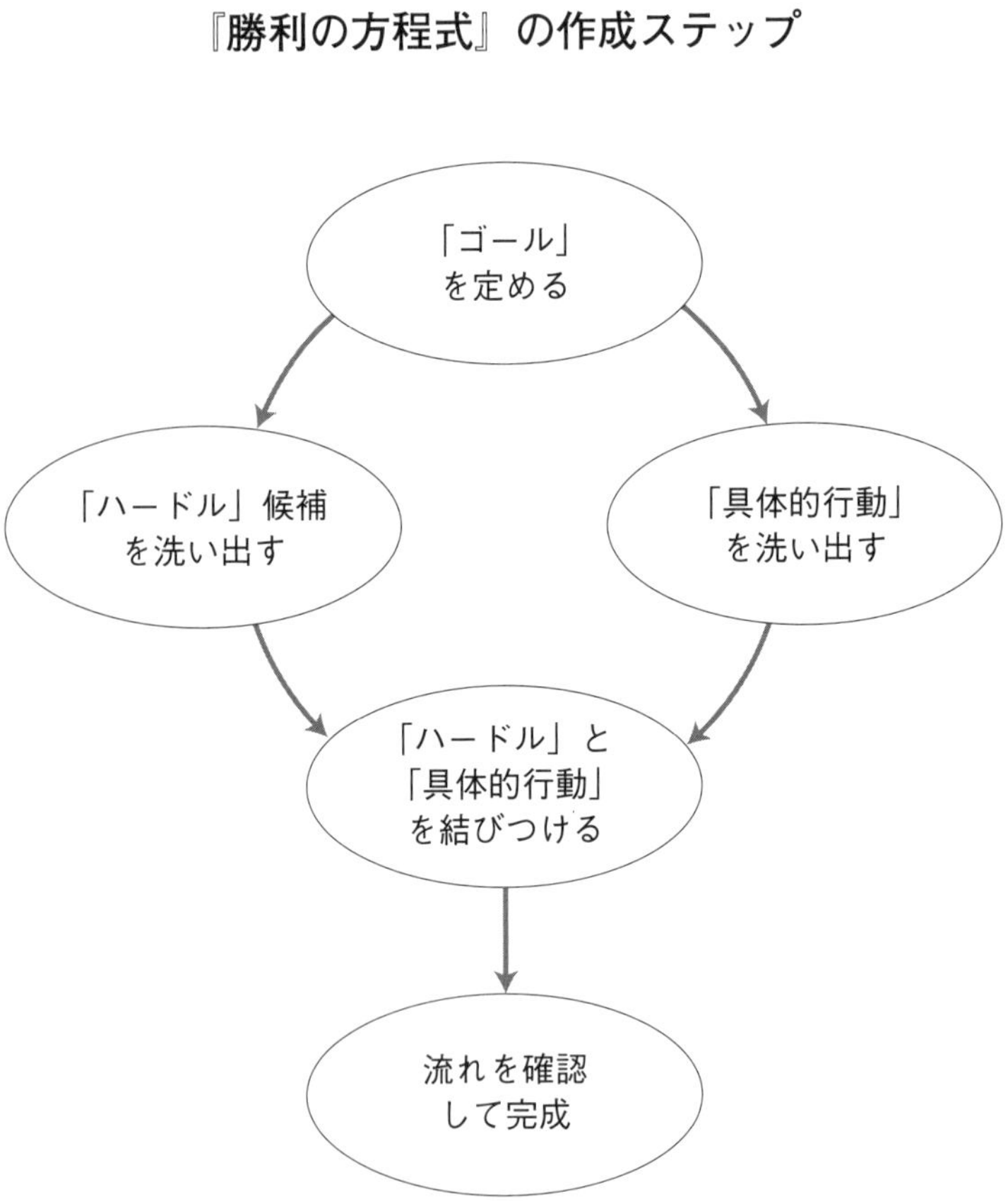

◇「ハードル」候補を洗い出す

「ゴール」が定まったら、「ハードル」の候補を洗い出していきます。

「ハードル」も、お客様との関係性や心の動きで定義します。洗い出す方法は、2つあります。

①　営業担当者（特に、普通～苦戦レベル）に、苦労していることを聞き出す

②　「具体的行動」を洗い出す（次のステップで説明）過程で発見する

ここでは、①について説明します。

「優秀な」営業担当者は、営業プロセスを当たり前のように進めることができてしまうため、「ハードル」がピンとこないようです。一方で、普通～苦戦レベルの営業担当者は、日々の営業活動で、うまくいかずに悩んでいることがあります。

・実権者が、自分の言うことをまったく聞いてくれようとしない
・本業の話をふっても、相手にしてくれない
・面談の最初の5分が過ぎると、実権者は経理担当者に任せて離席してしまう
・「特に困っていることはないよ」と言われてしまい、情報提供のネタが探せない

こうした、営業担当者がつまずいていることを聞き出して、お客様との関係性や心の変化に置

き換えたものを、「ハードル」の候補としておきます。

なお、「ハードル」を洗い出す際は、特定の営業プロセスに偏ることがないように気をつけてください。関係構築・お金関係の話題・本業の話題・提案など、各ポイントを意識しながら洗い出していきます。

◇「具体的行動」を洗い出す

次に、「具体的行動」を洗い出します。4つの方法を組み合わせるといいでしょう。

①　自分自身の体験をもとに、工夫していたことを書き出す
②　営業担当者に、工夫していることを出してもらう
③　「優秀な」営業担当者（できれば、他店の「優秀な」支店長も）から引き出す
④　お客様との会話のなかから見つける

③の「優秀な」営業担当者からの引き出しには、聞き方にコツが必要です。ほかの人からは工夫していると思えることも、本人にその認識がないことも多いからです。前のステップで「ハードル」候補としたものを示しながら、それぞれのケースで、何をやっているかを尋ねると効果的でしょう。

そして、工夫していることが聞けたら、なぜその行動をしたのか（理由）や、お客様にどのような変化があったのか（結果）も確認しておきます。

④は、取引拡大・開始ができた際に、当行（庫）を選んだ決め手を聞くようにしてはどうでしょうか。

私たちにも、こんな経験があります。コンサルティングプロジェクトを発注してくださったお客様が、A・T・カーニーを選んだ理由を教えてくれました。

「当社に課題があることはわかっている。提案書のなかでも、できていないことを指摘された。しかし、それだけでなく、できていることにも言及し、これまでの努力として認めてくれていた。全否定するのではなく、良いところは良いと受け止めてくれたことが決め手となった」

この話は、私たちの大きな学びとなりました。「良いところも評価して、提案書に盛り込む」ということが、「具体的行動」として明確になったわけです。

「具体的行動」を洗い出す過程で、行動を通じてお客様との関係・心がどのように変化したのかも把握できます。把握した内容が、前のステップで洗い出した「ハードル」候補に含まれていなければ、追加します（これが、97ページの②に該当します）。

◇「ハードル」と「具体的行動」を結びつける

「ハードル」と「具体的行動」、それぞれの候補を洗い出したところで、全体を眺めながら「ハードル」に何を設定するかを選択します。

これで、「ゴール」と「ハードル」が決まりました。

そして、「ハードル」ごとに、乗り越えるために役立つ「具体的行動」を紐づけていきます。

◇流れを確認して完成させる

最後に、全体の整合性を確認します。

・「ゴール」と「ハードル」が、一連の流れとしてつながっている

・「ハードル」と「具体的行動」が、対応関係になっている

この2つが確認できたら、『勝利の方程式』は完成です。

5 『勝利の方程式』を定着させる

『勝利の方程式』は、ノウハウを結集し、成功確率の高い行動を整理したものです。つくっただけでは意味はなく、継続して活用することで営業担当者の質的向上につながります。

そこで、支店長と営業担当者とのコミュニケーションでも、『勝利の方程式』を積極的に活用していきます。

◇日々の指導に活用する

営業担当者のチーム全体ミーティングや、支店長と営業担当者との個別ミーティングの場では、必ず『勝利の方程式』を使います。ここでは、個別ミーティングでの活用例を紹介しましょう。

【お客様への訪問前】

次回訪問が『勝利の方程式』の、どの位置づけに当たるのか、目的である「ハードル」と、乗り越えるための「具体的行動」（手段）を確認します。

「ハードル」に対応する「具体的行動」は複数ありますが、考えなくリストの上から順番に、ということではダメです。これまでのお客様の反応や、現在の状況をふまえて、「具体的行動」のなかで最も効きそうなものは何かと考えて、決めます。

このとき、営業担当者に「具体的行動」として何をする予定か、その理由は、と質問して、支店長が回答に納得できれば大丈夫です。営業担当者を育成するためにも、支店長が先に解を与える（「具体的行動」を指示する）のではなく、営業担当者に考えさせるようにしましょう。

「具体的行動」が決まったら、訪問の目的を達成できるよう、面談の進め方も確認します。資料の準備に不足はないか、また、お客様から聞き出したい情報があるならば、話法や聞き出す作戦も、確認・アドバイスをしてあげましょう。

【訪問からの帰店後】

訪問目的は達成できたか（「ハードル」を越えられたか）、予定していた「具体的行動」はできたか、そして積み残った課題は何かを、営業担当者から報告を受けます。お客様の発言や、発言にあらわれない表情・反応の変化で気づいたことも確認しましょう。

もちろん、「具体的行動」をやっても、望む結果につながらないことはあります。

それでも、「この行動は使えない」と、営業担当者を後ろ向きの思考にさせてはいけません。目の前の「ハードル」を越える（＝お客様の心を動かす）ために、今回の「具体的行動」以外で何をするといいかを考える習慣を、つけさせていきましょう。

◇活動管理表に盛り込む

第3章で「アカウントプラン」は〝お客様カルテ〟と〝活動管理表〟の2つから成り立っていると話しました。ここでは、〝活動管理表〟について説明します。

一般的な〝活動管理表〟は、訪問予定と結果を書く欄があります。そこに、次の項目を足すことで、『勝利の方程式』の活用・定着に役立つツールへと進化します（図表4－5の左側）。

・目指す「ゴール」の内容・時期
・「ハードル」の内容
・「具体的行動」の実施事項・実施時期

〝活動管理表〟を見ながら支店長と営業担当者のミーティングを行うことで、営業担当者はミーティングをするたびに、そして〝活動管理表〟を記入するたびに、『勝利の方程式』の「ゴール」「ハードル」「具体的行動」が意識に刷り込まれ、定着につながっていきます。

取引拡大計画		
ねらう取引	時期	実現のポイント

「徳」点表			
日にち	「徳」点	日にち	「徳」点
月　　日	点	月　　日	点
月　　日	点	月　　日	点
月　　日	点	月　　日	点
月　　日	点	月　　日	点
月　　日	点	月　　日	点
月　　日	点	月　　日	点
月　　日	点	月　　日	点
月　　日	点	月　　日	点
月　　日	点	月　　日	点
月　　日	点	月　　日	点
		累計	点

図表４－５　アカウントプラン（活動管理表）

活動管理表を進化させる

○年○月に目指すゴール	

ハードル１	
具体的行動	実施時期
	月　日
	月　日
	月　日
	月　日
	月　日

ハードル２	
	月　日
	月　日
	月　日
	月　日
	月　日

ハードル３	
	月　日
	月　日
	月　日
	月　日
	月　日

活動管理表の進化

〝活動管理表〟を『勝利の方程式』の活用・定着に役立つツールとしたついでに、もう一段の進化を盛り込んでみましょう（図表４－５の右側）。

●取引拡大計画

お客様との関係強化の進展、および、お客様のビジネス上の必要性・タイミングの双方をふまえて、どのような銀行取引（融資に限らず、ソリューションの提供による手数料収入も含む）を、いつの時期にねらうのかを計画してみます。あわせて、取引拡大の確度を高めるためのポイントも考えて記載します。

「優秀な」支店長と話をしていると、自身の在任期間中だけでなく、後任支店長の１年目の成績は困らないようにと、少し長い目線で計画的に活動をしている人が多かったのが印象的でした。自転車操業的に目の前に出てきた案件を追うだけでなく、種まき的な活動も含めて計画性を持って動くことができるよう、取引拡大計画を考えてみてください。

●「徳」点表

「得」点ではなく、「徳」点です。

第１章で、ある地域二番手行の支店長の「金利が高かったからといって負けるのは、格好が悪い。常日頃から社長とたくさんの会話をし、徳を積み、価値を感じてもらえるようにしている」という話を紹介しました。このなかで出てくる「徳」を、ポイント化して記録するのが「徳」点表です。

訪問のたびに、相手にどれだけの「徳」が積めたか（喜んでもらえたか）を振り返り、点数をつけるようにします。点数は「5点・3点・0点・マイナス3点・マイナス5点」のなかから選びますが、厳密に考える必要はなく、感覚でかまいません。

大事なのは、訪問した・面談した・予定のアクションを実施した、ということで良しとするのではなく、その結果として相手に「徳を積むことができたか」を営業担当者に意識づけることです。この意識づけができると、いわゆる「有効面談」数の増加にもつながっていきます。

◇活動支援ツールを紐づける

行（庫）内にある活動支援ツールも、『勝利の方程式』に沿って整理します。

「ツールは数多くあるものの、使いきれていない」という話をよく聞きます。支店長や営業担当者が存在すら知らないツールもあるようです。

しかし、それぞれのツールは、使いこなせば有益なはずです。問題は、どのお客様に、どの場面で使用すると効果を発揮するツールなのかが、よくわからないまま散在していることではないでしょうか。

図表4－6　活動支援ツールの整理

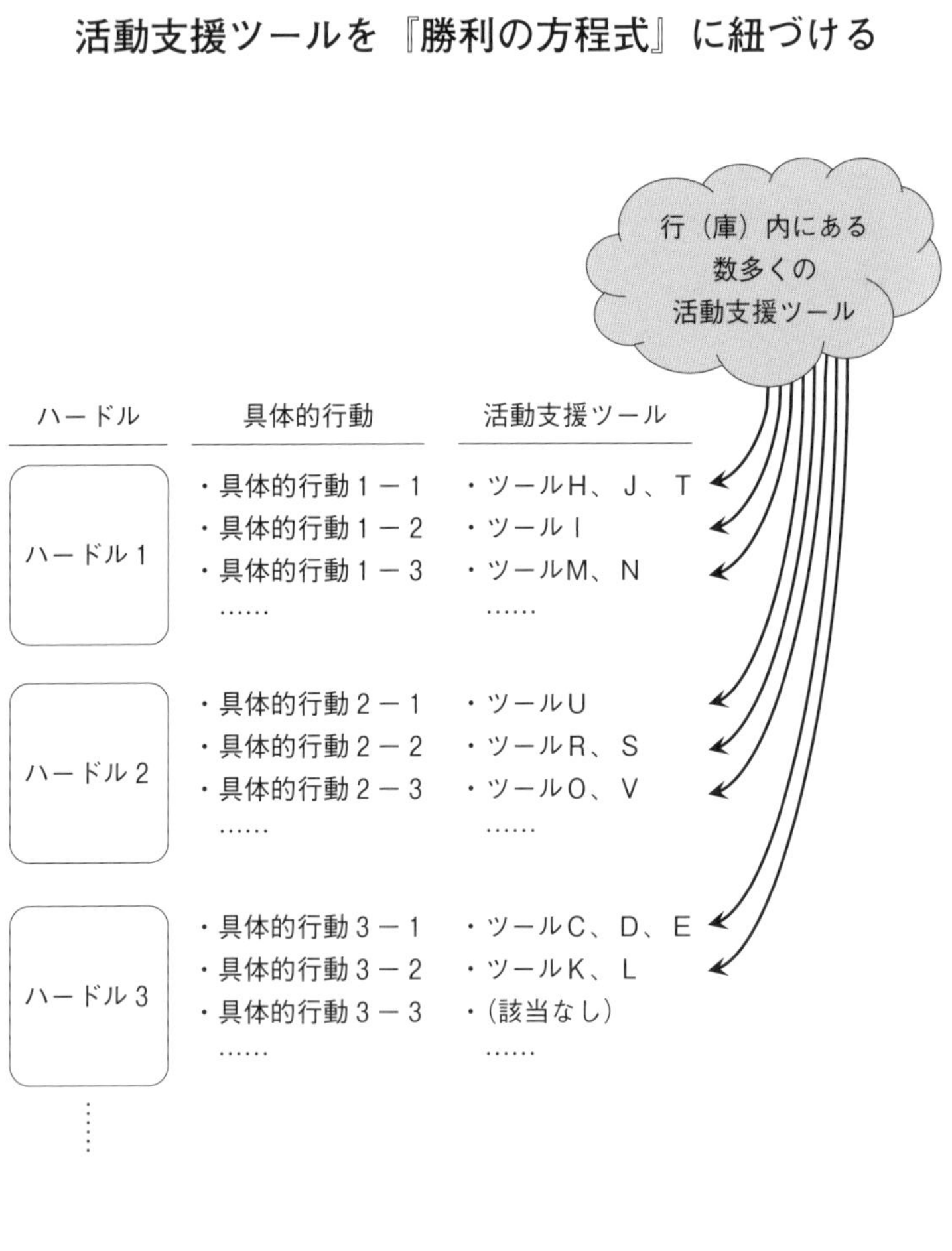

そこで、いまあるツールを、『勝利の方程式』（特に「具体的行動」）のどこに役立つか、紐づけてみます（図表4－6）。この整理ができると、営業担当者はツールを使用しやすくなり、ツール効果で訪問目的の達成率も向上が期待できます。

紐づけしてみると、特定の「具体的行動」をサポートするツールが存在しない場合もありえます。これは、大きな発見です。すぐ本部に連絡をして、ツールの作成をリクエストしましょう。

活動支援ツールの作成

A・T・カーニーが支援する際、重要な「具体的行動」にもかかわらず、適切な活動支援ツールが存在していなかったため、ツールを新たに作成したこともあります。

その一例が、図表4－7の「課題仮説抽出シート」です。

これは、経験の乏しい営業担当者が、「お客様の課題仮説を考えるのがむずかしい」と悩んでいたことがきっかけでした。そこで、「売掛金が買掛金を上回る」「サイトがズレている、変化している」「大手との取引が多く、力関係が弱い」といった、お客様に起こっている「現象面」をとらえることで、課題仮説が浮かび上がるようなものをつくりました。

「優秀な」支店長・営業担当者が、無意識のうちに行っている思考回路を、だれにでもできるよう汎用化して使えるようにする、というのはツール作成の視点として有効です。

図表4－7　活動支援ツールの作成

ツールがないときは、本部に作成をリクエスト

【事例】経験の乏しい営業担当者でも、お客様の課題の当たり付けができるように、新たに「課題仮説抽出シート」を作成

顧客ニーズ	悩み	現象		Step 1 顧客情報	Step 1 計		Step 2 産業特性	総計
短期資金	回収・支払条件が悪い	Q1	売掛金が買掛金を上回る	○	4	＋	4	8
		2	サイトがズレている、変化している	△				
		3	大手との取引が多く、力関係が弱い	△				
		4	受取手形、売掛金の現金比率が高い	×				
成長資金	売上げが伸び、これまでの規模では追いつかない	5	最近、売上げが急激に伸展してきている	×	1		0	1
		6	最近、営業部隊を増設した	×				
		7	従業員を増やしている	×				
		8	最近、大きな取引先を獲得できた	△				

現象面が当てはまるかチェック

①　②　③　④

Step 1
①　現在把握している情報をもとに、当てはまる場合○、どちらとも言えない場合△、当てはまらない場合×を記載
②　「計」欄は、○＝2点、△＝1点、×＝0点で計算し、合計を記載

Step 2
③　「産業特性」欄は、業界分析の情報から、当てはまる場合4点、どちらとも言えない・不明な場合2点、当てはまらない場合0点

総計
④　「総計」欄は、Step 1とStep 2の合計値

仮説構築
⑤　総計の数値が大きい「悩み」項目を3つ程度抽出し、支援の可能性・提案を考えてみる

（出所）A.T. カーニー

◇進化させていく

『勝利の方程式』を使い続けるには、いつでも勝率が高いものでなければいけません。そのため、一度つくって完成という静的なものではなく、進化させていく動的なものにします。

営業担当者には、次回はこれをやろう、と決めた「具体的行動」は、よほどのことがない限り実行するよう指示します（もちろん、実権者と会った感触で、臨機応変に「やらないほうがいい」と判断したならば別です）。

ただし、事前に決めたことだけをやれば十分なわけではありません。「ハードル」を越えて「ゴール」に近づくという目的に照らして、「具体的行動」に載っていなかったとしても、プラスアルファの行動を試みることは大歓迎です。やってみたところ良い結果につながり、他の営業担当者も真似ができそうなものであれば、新たな「具体的行動」として加えます。これが、進化の意味するところです（図表4－8）。

『勝利の方程式』の進化は、営業担当者が自ら考え・工夫する力の向上にもつながります。支店長が確認しなくても、営業担当者から「この行動は効果があったから、他の人も試してほしい」という提案が出てくるようになれば、支店の基礎力は格段に上がっているでしょう。

図表4－8　『勝利の方程式』の進化

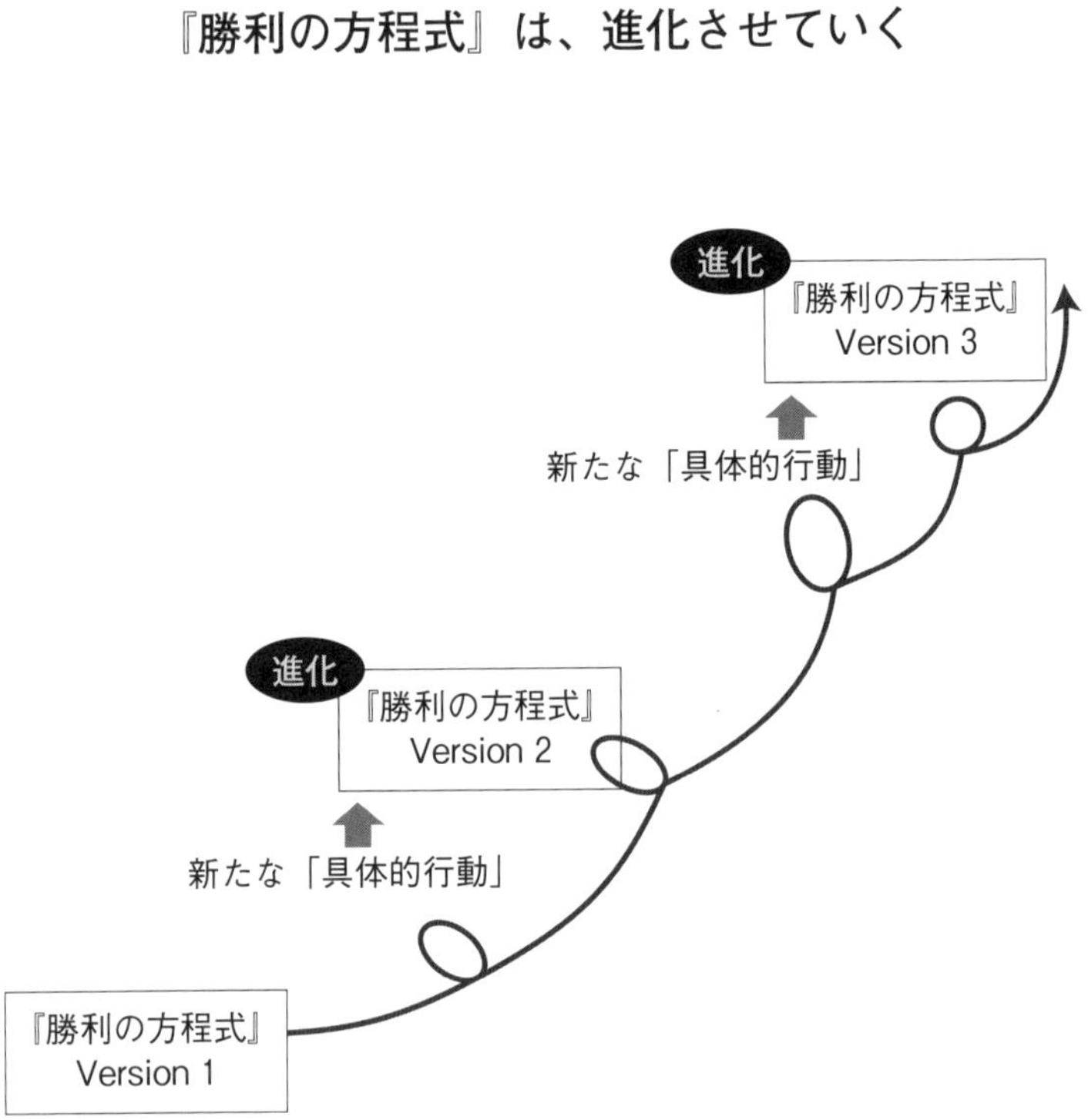

●「活動プロセスの高度化」に関して、やってみようと思ったこと

第 5 章

スキルの強化（S）

1 現状チェック

自信を持ってYESと言えますか?

□ 私のもとにいれば、営業担当者のスキル向上は心配いらない
□ 営業担当者の対人コミュニケーションスキルは、高いレベルにある
□ 営業担当者は、お客様の決算書を見て、特徴や改善点を指摘できる
□ 営業担当者の「育成目的」での同行訪問を、週に5回以上行っている
□ ミーティングが、営業担当者の「学び」の場として機能している

2 スキル強化も『勝利の方程式』を使う

現場営業力を〝アップしよう〟(UP－SIYO)のS。スキルの強化(Skill)です。『勝利の方程式』で、勝てる確率が高い行動様式を整備できたら、それを実行するための基礎スキルも強化します。『勝利の方程式』に沿って、3つのステップで考えていきます。

・ステップ1……必要なスキルを書き出す
・ステップ2……強化が必要か否かを切り分ける
・ステップ3……スキル強化の方法を考える

◇必要なスキルを書き出す

『勝利の方程式』の「具体的行動」に着目します。

「具体的行動」を行えば成功確率が高まるわけですから、その行動ができるようにします。

まず、それぞれの「具体的行動」について、実行に必要なスキルを洗い出してみましょう（図表5－1）。

たとえば、「具体的行動」が

・ホームページの会社案内を見て、社長がキーワードとしている言葉・思いを調べて、なぜそれを大事にしているのか聞いてみる

であれば、3つのスキルが求められます。

・インターネットを使う
・文書のなかから、キーワードを拾い上げる
・実権者から、話を引き出す

図表５－１　スキルの強化

スキル強化の検討ステップ

ハードル	具体的行動	ステップ１ 必要なスキル	ステップ２ 強化の要否	ステップ３ 強化方法
ハードル１	・具体的行動１－１	・スキルＡ	×	
		・スキルＢ	×	
		・スキルＣ	○	・（本部研修）
	・具体的行動１－２	・スキルＤ	○	・（本部研修）
		・スキルＥ	○	・支店でロールプレイング
	・具体的行動１－３	・スキルＦ	×	
		・スキルＧ	○	・（本部研修）
		・スキルＨ	×	
		・スキルＩ	○	・お客様訪問の前に確認
……				

支店長の「当たり前」と、経験に乏しい営業担当者の「当たり前」とが同じとは限らないため、この段階では「こんなことはできて当たり前」という先入観なく、書き出します。

◇強化が必要か否かを切り分ける

書き出したスキルのそれぞれについて、強化の必要性の「あり・なし」を切り分けます。

支店長の感覚だけに頼らずに、営業担当者（特に、苦戦

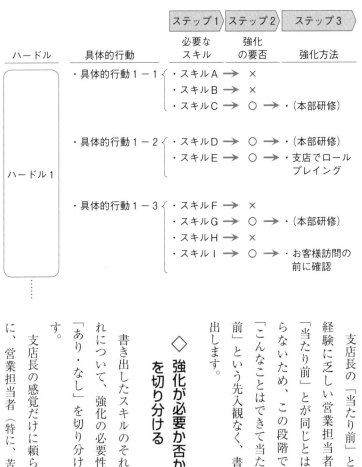

している営業担当者）と、実例も交えて会話しながら、必要性を判断していきましょう。先ほどの例では、「さすがに『インターネットを使う』『文書のなかから、キーワードを拾い上げる』は、強化しなくても大丈夫そうだ。でも、準備したネタをもとに『実権者から、話を引き出す』のは不安だな。強化の対象としておこう」といった具合です。

◇スキル強化の方法を考える

強化の必要性「あり」と判断したスキルは、どのような手段・機会を使い強化していくかを考えます。

人事部門や営業部門・融資部門などが中心となって、多くの本部研修が行われているため、それらに参加することで強化できるスキルもあります。

一方で、本部研修ではカバーできないスキルも残るはずです。じつは、過去のA・T・カーニーの支援事例では、こちらのほうが多くありました。

もちろん、「本部研修でカバーしてないから、営業担当者のスキルを強化できなくても、やむなし」とはなりませんので、支店のなかで強化する方法を考えます。

たとえば、「実権者から、話を引き出す」ための研修が、本部研修でカバーされていないなら、「当面は毎週1時間、ロールプレイングをやる」「お客様への訪問前の打合せ時に、話の持っていき方・話法を必ず確認する」というように決めていきます。

3 強化したい6つのスキル

どのスキルを強化するかは、『勝利の方程式』の内容によって変わります。

一方で、A・T・カーニーの支援事例からは、多くの地域金融機関で共通して強化が望ましいと思われるスキルも、浮かび上がってきています。

対人的スキルで3つ（ヒアリング力・説明力・洞察力）、テクニカルスキルで3つ（決算書の当たり付け力・バランスシートの改善指南力・資金繰り表の作成力）の計6つを紹介します（図表5－2）。

◇ヒアリング力

ここでいうヒアリング力は、「こちらが話をしすぎずに、相手の話を傾聴しましょう」というものではありません。相手の本心、ホームページや会社案内には載っていないこと、他行（庫）も知らないことなどを、聞き出す・引き出すスキルを指しています。インタビュースキル、とい

図表5－2　6つのスキル

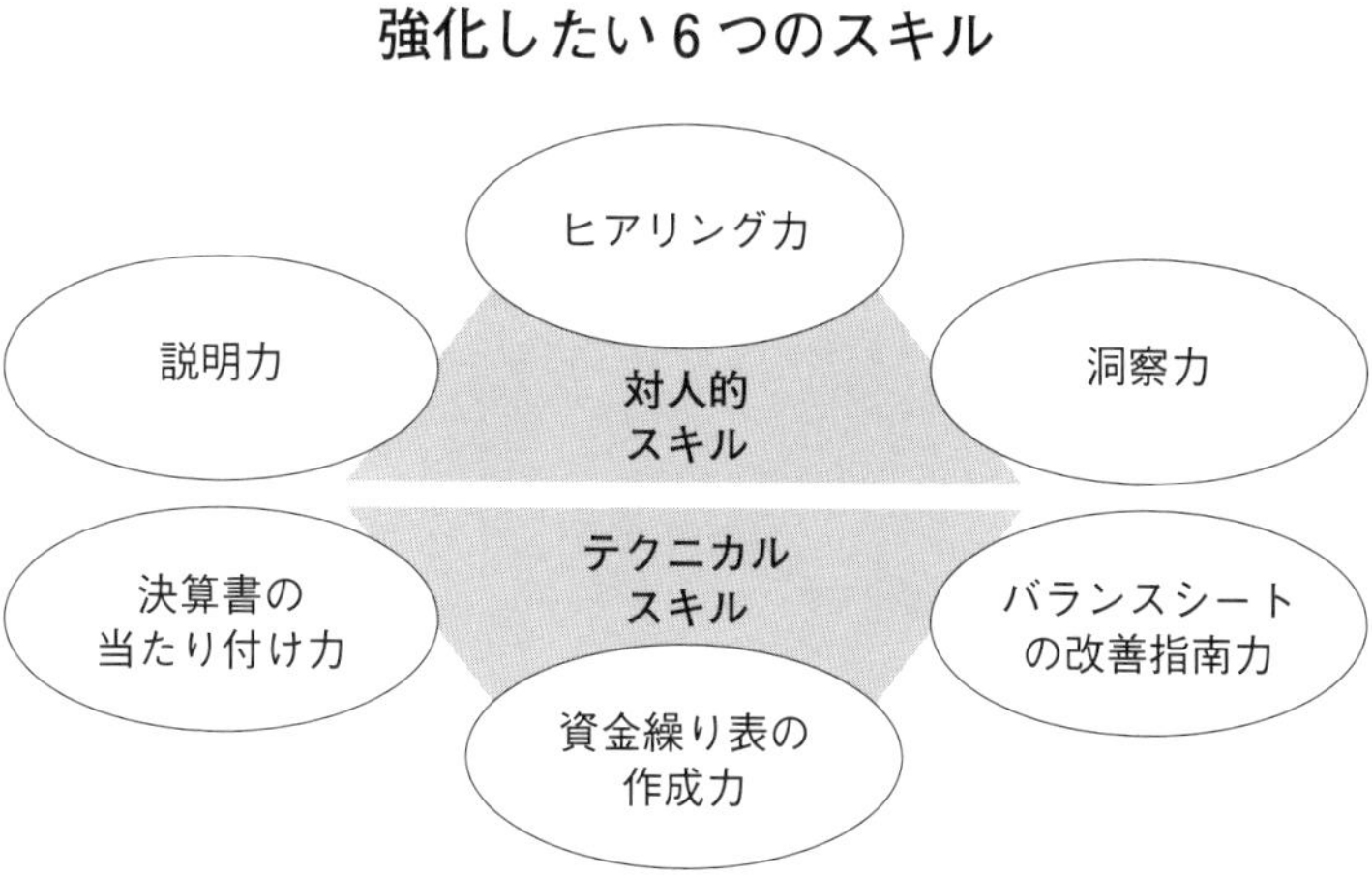

うほうが正しいかもしれません。

企業や実権者のことを深く知るためには不可欠なスキルで、これがないと、通り一遍の表層的な情報しか手に入れることができません。

ヒアリング力を伸ばすためのポイントの第一は、「何があっても、1つはネタをつかむぞ」という気合です。

前に話したとおり、私はこれまで、地域金融機関に紹介いただき317名の中小企業の実権者の方にインタビューをしました。合計すると317名ですが、「この」実権者から話をうかがえる機会は、一度しかないので、毎回が真剣勝負です。

コンサルタントになりたての頃は、上司からの強いプレッシャーを感じながら、「この」インタビューで実のある話をなんとしても聞き出して持ち帰らなければまずいと、相当な集中力を使い面談に臨み、終わった時には疲れてグッタリするほどでした。おかげで、数多くの話を聞き出すことができ、ヒアリング力もだんだんと向上していきました。

「何があっても、1つはネタをつかむぞ」という姿勢で臨むのと、「いい話を聞ければラッキー」くらいの軽い気持ちで臨むのとでは、引き出せる話には確実に差が出ます。

こうした気合があったうえで、うまく引き出すためのコツもあります。代表的なものを紹介しましょう（図表5―3）。

- 具体的なことを褒めて相手を気持ちよくさせ、つい話をしてしまう状況をつくる
- キークエスチョン（本心を引き出すための質問）を投げかける
- 一問一答による尋問形式にはせず、1つの話から深掘りをしていく
- 形容詞やキーワードが出てきたら、具体的な事例を教えてもらう
- 「なぜそうした（考えた）のか」という、理由を探る質問を重視する

2つ目のキークエスチョンについて、補足しておきます。

たとえば、A銀行からの紹介でお会いした中小企業の実権者に、私が「A銀行に満足していますか」と質問すると、よほどの不満が顕在化していない限り「満足している」と回答が返ってき

図表５－３　ヒアリング力の向上

ます。

しかし、この言葉をすぐには真に受けません。本心からの発言なのか、判断できる材料がないからです。そこで、「A銀行の対応で、さすがだと感激したことはありますか」「融資の金利が、他行よりほんの少し高くても、A銀行を選択しますか」「次の融資機会には、実質ノーコンペでA銀行を利用いただけますか」といった質問（キークエスチョン）を投げかけて、本心かを探ります。

質問を通じて、「実は」「そこまでは」と話が聞けたならば、その話を起点にして「具体的にはどのようなことがあったのですか」「なぜそう考えたのですか」と、先ほど紹介したコツを使って、深掘りして聞き進めます。

こうしたキークエスチョンは、慣れないうちは面談の場で思いつくのはむずかしいため、事前に考えておいたほうがいいでしょう。

また、ヒアリング力の向上は、慣れも必要です。支店内のロールプレイングなどを通じて、場数を踏ませるようにしてください。

◇説明力

資料でもパンフレットでも、説明するからには、相手に、こう考えてほしい・これに気づいてほしい・こう動いてほしい、というねらいがあるはずです。ねらいどおりにいくかは、説明の巧拙にも左右されます。

「うまい説明」とは、流暢に説明することでも、書いてあることを抜けもれなく説明することでもありません。相手に意図が伝わり、関心を持ってもらえるよう説明することです。「心を動かせること」と定義してもいいでしょう。

地域金融機関の人は、良くも悪くも真面目で遊びが少なく、資料に書いてあることを一所懸命に上から順番に説明する傾向があります。

話すスピードは、目で見る速さには到底かないません。そのため、聞き手は、紙をめくって結論の確認をいち早くすませ、後は説明が終わるのを待ちます。これは、実権者など忙しい相手には苦痛で、「早く説明が終わらないかな」と、負の感情を持たれてしまいます。

説明力を向上させるには、資料に書いていない話を混ぜ込むことがポイントです。次の2つを意識して説明できるようにしてください。

・「なぜ（Why）」：なぜこれを持ってきたのか、なぜこの話をするのか
・「意味（So What）」：相手にとって、どのような意味合い・影響・インパクトがあるのか

◇洞察力

「社長は、当行（庫）に不満はないと言っていたのに、融資案件を他行に決められてしまった。裏切られた」

営業担当者から、こうした話を何度か聞きましたが、本当に裏切られたのでしょうか。口では褒めていても、内心では別の感情を抱いていることはよくあります。経験が乏しい営業担当者は、自分の行動をしっかりと行うことに意識が向き過ぎ、相手を見る余裕がないのかもしれません。しかし、営業活動はコミュニケーションです。相手が何を考えているかを見抜く力（洞察力）は必要不可欠です。

洞察力を高めるには、繰り返し意識していくしかありません。

お客様と面談をしたつど、相手がどのような感情を抱いたかを考えさせるようにしてください。支店長が同行訪問をしたときは絶好の機会です。時間の経過とともに記憶は薄れてしまうので、面談終了の直後、まだ実権者の言葉や表情、仕草が思い出せるうちに、

・どこでどんな反応（うなずいた、首をひねった、線を引いた、斜め上を見た、等）があったか

・それは、どんな思いが本心としてあると思うか

を話し合う場を設けましょう。

同行訪問をしなかった場合も、帰店後の面談で、同じ質問を営業担当者に投げかけて、相手の本心を考えることへの意識を高めていきます。第4章の「活動管理表の進化」で紹介した「徳」点表をつけることは、相手の感情を振り返る良い機会にもなります。

相手の本心を理解しようと意識することで、相手からどのように見られているのかも、意識が向くようになってきます。営業担当者が、自分自身の言動や振る舞いを、気をつけられるようになれば、少しの進歩です。

訪問メモへの記録

実権者の反応は、今後の営業活動を進めるうえで重要な情報です。

訪問後の備忘メモに、実施事項と結果だけでなく、相手の反応も書き残しておきましょう。
・相手が、どんな発言をしたか
・表情の変化や、仕草で気づいたこと

【改善前】
● 新設された制度融資のパンフレットを渡して説明。次回、本部の担当者と訪問して、詳しく説明することになった

↓

【改善後】
● 新設された制度融資のパンフレットを渡して説明。条件が記載されている箇所で、社長は電卓をたたき、手持ち資料（何の資料かは不明）の数字と比べた後、上を見て何かを考えていた。次回、本部の担当者と訪問して、詳しく説明することになった。具体的な金額メリットを中心に、説明すると良さそう

続いて、テクニカルスキルです。

いずれも、お金にかかわるスキルとなっています。売上げ貢献などの本業支援も大事ですが、応えられるかは不確定要素が多くなってしまいます。それよりも、金融機関としてバリューを発揮しやすい領域で、確実にお客様の信頼を得る（お金に関する実権者の負担を減らす）というのが、基本的な考え方です。

◇決算書の当たり付け力

「昔は、決算書を銀行の担当者に渡したら、その場で質問や、痛いところを突いてきたけど、最近は、渡したそばから鞄にしまって、はいおしまい、という感じ」

こうした話を、実権者から聞くことも多くあります。

実権者は、銀行のことを「決算書のプロ」だと思っています。そのため、少しでも参考になるようなセカンドオピニオンをもらいたいと期待しているのですが、応えきれていません。

機械化が進み、生の決算書を、赤鉛筆と定規を使って分析する必要がなくなったため、決算書のどこを見ればよいかの勘所が失われたことが、背景にあります。生の決算書を詳細に分析する力までは必要ありませんが、最低限、次の力は備えておくべきでしょう。

・決算書を受け取ったその場で、当たり付けを行い、ポイントを一言でもコメントできる

・前期の決算書と比べて、大きく変動がある箇所はその場で確認ができる

前者の力を高めるには、生の決算書を見て、パソコンも電卓も使わずに、最大2分~3分で当たり付けをするトレーニングを繰り返します。決算書から大きな流れをつかむために、どの順番で、何の数字を、どんな観点から見るべきかを、身につけていくのです。

さらに、決算書を使ったトレーニングの発展型として、当たり付けをするだけでなく、「この決算書の企業に新規融資を行うとしたら、積極スタンスか、消極スタンスか」を考えて、理由とともに発表してもらうこともやってみてください。これは、「説明力」のところで触れた「意味(So What)」を出す訓練にもなります。

こうしたことができると、実権者と話をする際に活きてきます。決算書は、事業に関する話を自然と進めることができる有効なコミュニケーションツールです。実権者に、「ナントカ比率」が高い、低いという話をしても仕方なく、結果として事業にどんな影響がありうるのか(意味。So What)を語れるようにならなければいけません。

◇バランスシートの改善指南力

決算書に関しては、バランスシートを見る力、改善のアドバイスをする力も、一段、高めておきたいところです。大きく2つの観点があります。

1つ目は、お客様のバランスシートを見て、「望ましい」構造となっているかを判別できる力と、改善余地があるならば、望ましい姿となるよう負債勘定の組み換えを指南する力です。

たとえば、短期継続融資(短コロ)回避の動きから、赤字資金が長期融資となっていることも珍しくありません。第3章の「アカウントプラン」(お客様カルテ)で触れたとおり、お客様の安定したバランスシートをつくりあげることは、金融機関の大事な役割です。「望ましい構造」がどういうもので、現状との差分を埋めるため何をすべきかは、アドバイスできるようになっておきましょう。

2つ目として、「どのような決算書になれば、金融機関は融資をしやすくなるか」のアドバイス力も、強化してはどうでしょうか。

目線はすでに、行（庫）内に融資判断の基準として持っているはずです。それを、内部にとどめるのではなく、お客様とも共有します。もちろん、「売上げがいまの3倍になれば」といった話をしても仕方ありません。実権者の意思で見直しが可能で、金融機関も融資判断にあたって気にしている項目（たとえば、役員貸付金・仮勘定など）がアドバイスの対象です。

中小企業の実権者で、バランスシートについて深い理解ができている人は多くありません。金融機関の目線で改善のアドバイスを行い、一緒に、より良いバランスシートをつくりあげることで、お客様からの信頼を向上させていくのです。

◇資金繰り表の作成力

中小企業にとって、資金繰りが重要であることは論をまちません。

売上げが右肩上がりで伸び、十分な現金収入があるなら、資金繰りを気にする必要はないのですが、そうは恵まれた環境にありません。実権者として、事業を継続させるために、現金が足りそうかの管理はとても重要であり、そのためのツールとして資金繰り表は非常に役立ちます。

ところが、役立つものにもかかわらず、実際につくられている・使われているケースは、多くありません。実権者が忙しくて手が回っていない、時間があったとしても作成方法がわからない、といったことが背景にあるのでしょう。

それならば、最初の作成は、実権者にかわって営業担当者がやってあげる、ないしは代行しないまでも作成方法の具体的アドバイスをしてあげたらどうでしょうか。活用の意義が大きいツールだからこそ、作成のお手伝いをすることができれば、実権者との関係は深まります。

ところで、営業担当者は中小企業の実権者の実用に役立つレベルでの資金繰り表を作成できるでしょうか。研修でも教わったことがない、という人が多いようです。実権者の必須ツールでありながら、つくられていない・使われていない状況をふまえると、営業担当者が資金繰り表を作成できるようになる意義は、おおいにあります。

4 同行訪問で育成する

支店長も忙しく、同行訪問をする時間的余裕が少ないようですが、営業担当者のスキル強化につながる重要なＯＪＴであることには違いありません。

案件のクロージング間近に「トップ営業」をかけるケースと、営業担当者の「育成目的」で行うケースとがありますが、時間を確保して、なるべく多くの「育成目的」での同行訪問をしましょう。

◇訪問前に擦り合わせる

「育成目的」での同行訪問は、支店長が手本を見せるケースと、フィードバックをするために営業担当者を観察するケースの二通りあります。いずれの場合も、お客様への訪問前に、営業担当者と3点を擦り合わせたうえで臨みます。

・訪問目的
・目指すゴール
・面談の進め方（「具体的行動」として、何をするのか）

お客様との面談は、当初の想定どおりに進まないこともあります。しかし、「育成目的」の場合には、想定どおりにいかなかったこと自体は、あまり気にする必要はありません。

それよりも、なぜそうなったのか、事前の認識でズレていたことはあったか、どのような対応をすると良かったのかを、振り返ることに学びがあります。当初想定と結果とのズレを明確にするためにも、訪問前の擦り合わせは必ず実施してください。

◇面談中はグッと我慢する

支店長が手本を見せるケースでは、営業担当者に格好いいところを見せようと熱が入り、ついつい、必要以上にしゃべりすぎないよう気をつけてください。後で反省している支店長を何人か見てきました。

営業担当者を観察するケースでは、途中で会話の主導権をかわりたいと思うことがあるかもしれません。しかし、グっと我慢が必要です。

営業担当者にすべてを任せるのが心配であれば、訪問前の擦り合わせで「こういう状況になったら、自分が会話をリードする」と握っておきましょう。事前の打合せなく、途中から主導権をとられると、支店長が思う以上に営業担当者は自信を失います。また、面談がうまく進んでいるときであれば「手柄を支店長に横取りされた」と思います。いずれも、「育成目的」からすると、望ましいことではありません。

◇振り返りは直後に行う

同行訪問を終えたら、「なぜあの発言をしたのか」といった支店長の言動の理由説明と、営業担当者の良かった点・改善点のフィードバックを必ず行います。

「良くできていて、改善点がなかったから、フィードバックはしない」というのはダメです。良かったのなら、それを伝えることが、営業担当者の学びや自信になります。

また、「洞察力」の向上に向けた振り返りも、短時間でもいいので、記憶が新鮮なうちにやりましょう。面談相手が、どこでどんな反応をしたかを共有し、その背景にある本心について営業担当者と意見交換します。

5 ミーティングを学びの場とする

◇チーム全体でのミーティングを行う

支店長と営業担当者とのミーティングが、1対1の個別のものだけになっていることもあるようです。忙しい営業担当者への優しい配慮だと思いますが、1対1というのは、成長機会を阻害している面もあります。

経験が少ない営業担当者のスキルを向上させるには、場数を踏ませることが必要です。しかし、一足飛びにさまざまな経験はできません。そこで、チーム全体でのミーティングの場を使って、ほかの営業担当者の案件で疑似体験させることが、重要な成長の機会となります。

全体ミーティングは、「数字を詰める」場ではありません。

営業成績を伸ばすための「作戦を議論」する場であり、スキル強化に向けた「学び」の場です。たとえば、次のようなことを、行うといいでしょう（図表5－4）。

・重点対応先の、次のアクションの議論（毎回、2先～3先について実施）

・『勝利の方程式』の、「ハードル」をうまく乗り越えた事例の共有
・「具体的行動」に役立ったツールの紹介
・ヒアリング力向上に向けたロールプレイング
・決算書の当たり付けトレーニング

もちろん、全体ミーティングだけでなく、1対1の個別ミーティングも必要です。個別ミーティングでは、これまで説明してきた、活動予定や結果の確認、お客様との面談をうまく進めるためのディスカッション、洞察力の強化に向けた振り返りなどのほかに、「次のアクションを握る」ことを、必ず行いましょう。

次に「何を」するかだけでなく、「いつまでに」するのかも大事です。営業担当者の成長スピードは、行動した回数が影響します。回数を積むには、次のアクションを早く行う必要があるため、「次に訪問したときに」という緩い握りではなく、「来週の金曜日までに」と、期限を明確に握ります。握りがあいまいだと、気づいたら何もしないまま前回アクションから1カ月も過ぎていた、ということが頻発して、結果としてスキル向上に時間がかかってしまいます。

図表5－4　全体ミーティング

**営業活動の「作戦を議論」
＋スキル強化への「学び」の場**

分類	やること（例示）
個別先対応	・重点対応先の、次のアクションの議論 （毎回、支店全体で2先～3先分を実施）
『勝利の方程式』	・「ハードル」をうまく乗り越えた事例の共有 ・「具体的行動」に役立ったツールの紹介
トレーニング	・ヒアリング力向上に向けたロールプレイング ・決算書の当たり付けトレーニング

●「スキルの強化」に関して、やってみようと思ったこと

第 6 章

意欲の向上（IYO）

1 現状チェック

自信を持ってＹＥＳと言えますか？

□ 営業担当者は、ワクワクして仕事をしている
□ 「こういう支店にしたい」という思いに、支店メンバーも共感してくれている
□ 営業担当者に目を行き届かせ、良い活動があれば（成果とは関係なく）褒めている
□ 営業担当者同士が、（成果以外で）楽しみながら競い合う機会をつくっている
□ 営業担当者は、いつかもう一度、私と仕事をしたいと思ってくれている

2 営業担当者はワクワクしているか

現場営業力を〝アップしよう〟（ＵＰ－ＳＩＹＯ）のＩＹＯ。意欲の向上（ＩＹＯＫＵ）です。

この何年か、若い営業担当者と話をしていると、「楽しそうに仕事をしているな」「やり甲斐を感じていそう」と思うよりも、「大変そうだな」「何かに追われているな」と感じることのほうが

多くあります。残念ですが、ワクワクと仕事をしているようには、伝わってきません。

営業をやっていれば、辛いことにも直面します。最後に踏ん張れるかどうか、というギリギリの局面も出てくるでしょう。そのときに、行動や結果を左右するのは「心」のありようだと思っています。

スキルの習得にしても、やらされ感のなかで仕方なくトレーニングするのと、「こうなりたい」と前向きな気持ちのもとで頑張るのとでは、得られるものも違ってきます。

営業担当者が、意欲を持って仕事に取り組めるよう、最大限の心配りをしていきましょう。

3 支店長の「志」を共有する

◇目標数字の意味合いを伝える

各期の目標数字（予算）が支店に割り当てられた後、その数字の持つ「意味」について、営業担当者とコミュニケーションができているでしょうか。

ある地域金融機関でのことです。本部役員は「目標数字の意味合いを伝えるのは、支店長の仕事。支店長会議の際も、『支店の管下行員に対して、営業方針とともに数字の背景を共有するように』と指示しているので、全支店長ができているはず」とおっしゃっていました。

ところが、支店の営業担当者にアンケートをしたところ、「目標数字は伝えられたが、その意味合いは説明されていない」という回答が4割を超えていました。

支店長から「今期は、前期の1・2倍の目標だ。大変かもしれないけど、このメンバーだったら、やればできる。頑張っていこう」と、力強く説明を受けても、営業担当者は、やらされ感・不信感が募るばかりで、前向きスイッチは入りません。

支店長は、支店長会議などで直接、経営陣から話を聞いています。それらをふまえ、自店の数字の大小だけでなく、自行（庫）の置かれた状況や目指す姿、目標数字をやり遂げることの必要性・意義、そして営業担当者への動機づけを、自らの言葉で語るようにしましょう。

もちろん、支店長自身が、目標数字の意味合いを納得していることが前提です。支店長が腹落ちしてないことを、営業担当者に語ったところで見透かされて、マイナス効果になるだけです。もし、納得できていないなら、至急、本部と十分なコミュニケーションをとってください。

◇「こういう支店にしたい」を伝える

支店長が考える、「こういう支店にしたい」という志も、営業担当者の意欲に影響します。「この支店長のためだったら、「頑張ろう」と思ってくれる人の多寡が、強い組織かどうかを決定づけます。

行員は、支店への人事異動が決まると、仲間や同期に連絡をして、支店長がどんな人なのか情報収集をまっさきに行います。そこで、「厳しい人だけど、こういう思いを持って支店運営をしている」と伝わるか、「目標数字中心のコミュニケーションで、月末はいつも詰めてくる」と伝わるかで、異動してくる行員の心持ちは大きく変わります。

ある「優秀な」支店長にインタビューをした際に、支店長は独自に作成した「宣言書」を見せてくれました。

そこには、行員に向けて「自分はこんな支店をつくりたい」という宣言と、そのために約束するアクションが書いてあり、紙の下のほうには、行員の「信任」を表す印鑑が全員分、押してありました。その後、営業担当者や内部事務の担当者とも話をしましたが、彼ら彼女らも、支店長の目指す姿を理解して、同じ目的に向かって日々の業務に取り組んでいることが伝わってきて、とても「雰囲気のいい」支店でした。

こうした「宣言書」に近いものとして、多くの地域金融機関で、支店長の着任時や毎期初に「支店方針書」をつくっていると思います。しかし中身は、対本部を意識した、数字やシェアが中心のもの・ワクワクしないものではないでしょうか。

もしそうであれば、紹介した事例のように、こういう支店にしたいという、支店長の「志」を記したシートをつくってみてください（図表6－1）。

・こういう支店にしたい
・ステークホルダーへの提供価値・約束
——地域社会・お客様に対して
——支店メンバーに対して
・実現のために、支店長自身が取り組むこと

書いた内容は、支店メンバーが共感してくれるもの、やりがい・ワクワクを感じるものになったでしょうか。恥ずかしさはあるかもしれませんが、つくったものは、支店メンバーに発表します。共感のサインを、全員からもらえるようになりましょう。

そして、サインが集まった「志」シートは、支店のだれもが目にする場所に掲示することで、支店長の「志」の強さ・本気度を示します。

図表6－1　支店長の「志」シート

支店メンバーを「志」で惹きつける

（支店長の名前）の志

○○支店を

支店にしたい

ステークホルダーへの提供価値・約束

地域社会・お客様

支店メンバー

上記の実現のために私が取り組むこと

20XX 年 X 月 X 日

（支店メンバーのサイン欄）

ケネディ大統領の宣言から学ぶ

「こういう支店にしたい」を考える際に、この内容でいいだろうか、と迷うこともあると思います。そのときは、アメリカのケネディ大統領が1961年5月に行った宣言を参考にしてください。

1950年代、アメリカとソ連は冷戦状態にあり、資本主義と共産主義の代理戦争として、宇宙開発が競われました。50年代の後半から60年代の初頭にかけて、宇宙開発史上「初」の成果のほとんどをソ連が独占したため、アメリカは資本主義の優位性が示せない状況に強い危機感を抱いていました。

こうしたなかで、ケネディ大統領が宣言したのが、「10年以内に人間を月に着陸させ、安全に地球に帰還させる」というものです。

この時点では、NASAの関係者でさえ実現性を疑うほどに、根拠に乏しいものでした。しかし、宣言の内容に共感した優秀な若者がNASAに集まってきました。多額の予算もつけられ研究開発が進み、最難関とされていた技術も確立されました。そして、期限に至る前の1969年7月に、宇宙飛行士がアポロ11号で月面に着陸し、その後、無事に地球に帰還したことで、公約は実現されました。

私たちは、ケネディ大統領の宣言から、「こうありたい」と打ち出す内容について、4つのことを学べます。

・なぜ実施するのか、共感を得る背景がある
・内容が具体的で、成否が明確に判断できる
・実現できるか、ギリギリの難易度になっている
・心を駆り立てる内容になっている
支店メンバーに、「こういう支店にしたい」と開示する前に、チェック項目として使ってください。

4 褒める機会を増やす

◇褒めるのが下手

営業担当者の意欲を向上させるには、褒める機会を増やすことも必要です。だれしも、褒められれば嬉しくなり、前向きに仕事に臨めます。

しかし、地域金融機関は「減点主義」が長く根づいてしまっているためか、総じて人を褒めるのが下手です。営業担当者は、取引獲得・目標達成など成果をあげたときぐらいしか、褒められ

ません。これでは、一部の営業担当者「以外」は、意欲も上がってきません。

◇『勝利の方程式』で褒める

数字上の成果以外にも焦点を当てれば、褒める機会はたくさんあります。『勝利の方程式』は、褒める材料の宝庫と言ってもいいでしょう。

・ハードル1を超えた！
・実権者の将来の夢を教えてもらうことができた！
・より効果的な「具体的行動」をつくり出してくれた！
・「具体的行動」の実践に役立つ、新たなツールを生み出してくれた！
・A君が新たに考えた「具体的行動」が、B君がハードル2を超えるのに役立った！

『勝利の方程式』を褒める材料に使うことで、営業担当者は『勝利の方程式』を使い続けるため、定着化が進みます。さらに、「成果だけではなく、支店長は日々の自分の活動も見てくれている」という安心感の醸成にもつながります。

支店長が褒めるだけでなく、『勝利の方程式』でお客様との関係性を強化できた事例を、チーム全体ミーティングで営業担当者に発表してもらうことも効果があります。うまくいったポイントは何か、なぜその活動をしようと考えたのか、相手はどんな反応をしてくれたのか、を披露してもらうことで、営業担当者は自慢できて気持ちよくなり、他のメンバーは疑似体験を積むことができます。

このように、『勝利の方程式』を褒める材料に使うことは、一石四鳥も五鳥もの効果があるわけです。

また、『勝利の方程式』に沿った活動を続けることで、営業担当者とお客様との関係性は、良くなってきます。支店長だけでお客様を訪問した際に、お客様からお褒めの言葉が聞かれたら、それも褒める材料に活用しましょう。営業担当者は、お客様からの良い評価を何よりも嬉しく思うため、意欲の向上に直結します。

◇意欲の向上につながる褒め方

褒める機会を多く見つけることができたら、意欲の向上につながるよう、褒め方も意識してみましょう。3つのポイントを覚えておいてください。

① 具体的に褒める

褒めるときは、具体的な材料で褒めます。

「いつも頑張ってるね」という抽象的な褒め方は、支店長が本心で思っていたとしても、社交

図表6－2　褒める・叱る

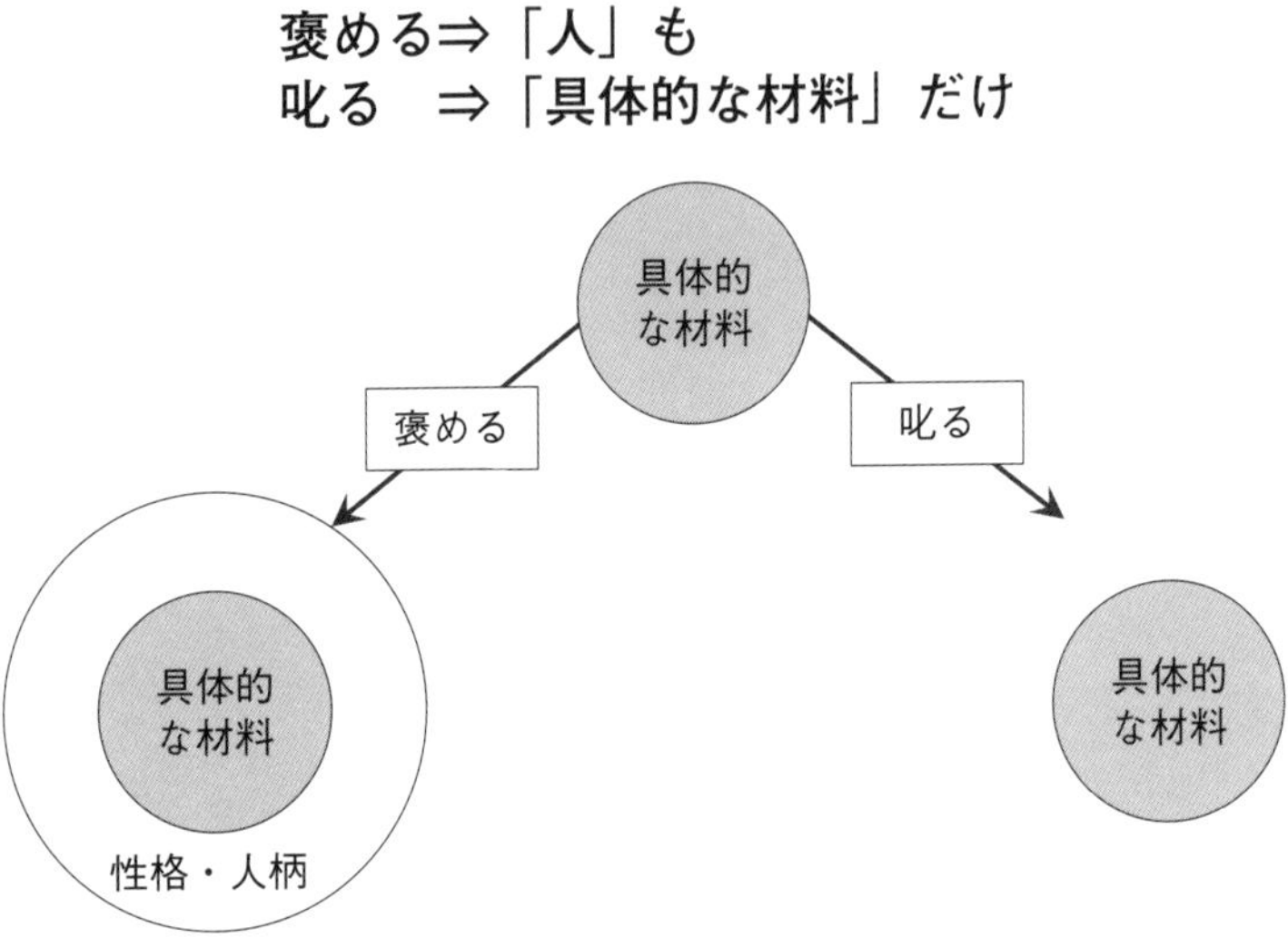

辞令と受け取られる可能性があります。

具体的に褒めることで、その行動が正しかったと営業担当者の気づきにもつながります。

②　人まで褒める

褒める目的は、営業担当者の意欲を高めることです。心を大きく動かしましょう。

そこで、具体的な材料を褒めたうえで、対象を広げて、性格や人柄まで褒めるようにします。

「今回、君がみんなに共有してくれた話法をB君が使ったら、社長から新たな話を聞くことができたんだ。いい話法を紹介してくれてありがとう」で終わらずに、「いつもこうやって、自分のことだけでなく、支店のメンバー全員のことを考えてくれるのは、君の素晴らしいところだよね」と続けられれば、褒められた人の気持ちは、いっそう高まります。

ちなみに、叱るときは、具体的な材料だけを対象とします。「だからお前はダメなんだ」と、性格や人柄にまで拡大して叱るのは、絶対に避けなければなりません（図表6－2）。

③ まんべんなく褒める

融資獲得などの成果ではなく、『勝利の方程式』を褒める材料に使ったとしても、材料の数は、人によって差が出ます。手を抜いている営業担当者であれば別ですが、一所懸命に活動をしているのなら、褒める機会を探し出して、材料の多い一部の人ばかりを褒めることがないようにしましょう。

私は、大学を卒業して生命保険会社に入りました。セールスレディーが集まる営業所では、わずかでも特定の人と多く話をしたり、褒めたりすると、すぐに「えこひいき」と言われて、褒めることのむずかしさを痛感したものです。

これは極端な例にしても、営業担当者の意欲を向上させるのがねらいですから、一部の人だけではなく、より多くの営業担当者が前向きになれるよう、褒める側に心配りが必要です。

そのうえで、褒める材料の多い一部の人に対しては、少しだけ多く褒めたり、1対1の場で多く褒めたりと、認めてあげるようにします。

5 ゲーム要素で楽しく競わせる

営業担当者を育てる過程では、競争環境に置いて切磋琢磨させることも効果的です。そこで、競争にゲーム性を持たせて、営業担当者が楽しく取り組めるような工夫も取り入れてみます。個人戦でも、団体戦でもかまいません。また、勝者・達成のインセンティブも決めて用意しておくと、イベント的に盛り上がるでしょう。

競わせるテーマは、融資獲得などの成果としては、これまでと変わりません。意欲の向上につなげることがねらいにあるため、意識して取り組めば、だれもができる内容とします。営業プロセスのなかから対象を探すといいでしょう。たとえば、次のような項目です。

・担当するお客様の「自慢したいであろうこと」をいくつ発見できるか
・担当するお客様の「ナンバー1」をいくつ発見できるか
・ハードル1を、何先で乗り越えることができるか
・「徳」点を、何点積み上げることができるか

テーマは、支店が強化したいことのなかから、支店長が指定してもかまいません。また、ある支店長は「営業担当者のやらされている感」をなくすために、次のテーマを営業担当者が順番に決めるようにしていました。

いずれにしても、楽しむ要素を持って競うなかで、お客様との関係性も進化・深化させていくことがポイントになります。

● 「意欲の向上」に関して、やってみようと思ったこと

第 7 章

実行あるのみ

現場営業力は、「掛け算」だと思っています。

複数ある取組みのレバー（本書では、〝アップしよう〟のキーワードのもと、「お客様の理解」「活動プロセスの高度化」「スキルの強化」「意欲の向上」の4つの視点で紹介しました）が、少しでも現状よりプラスになれば、その効果は全体に効いてきます（図表7－1）。

最初からすべて完璧を目指す必要などありません。興味を持ったことから、できそうなところから、実行してください。一部の取組みでも、「掛け算」なので効き目はあります。

そして、小さな差の積み重ねが、やがて大きな差につながります。

プロ野球の世界では、打率3割を残せれば一流の打者として評価されます。解説者の古田敦也さんが、「1年間のシーズンで、打率3割を残せるか、2割5分に終わるかの差は、1週間にヒットを1本、多く打てるかどうかの違いだけ」と言っていました。この1本の差の積み重ねが、一流と評価されるかの大きな差になるわけです。

新たな取組みは手間暇がかかり、面倒くさいと思うこともあるでしょう。現状を変えることの怖さもあるかもしれません。しかし、そこに踏み込んでいかなければ、何も変わりません。

現場営業力の強化に向け、勇気と自信を持って進んでください。応援しています。

図表7－1　実　　行

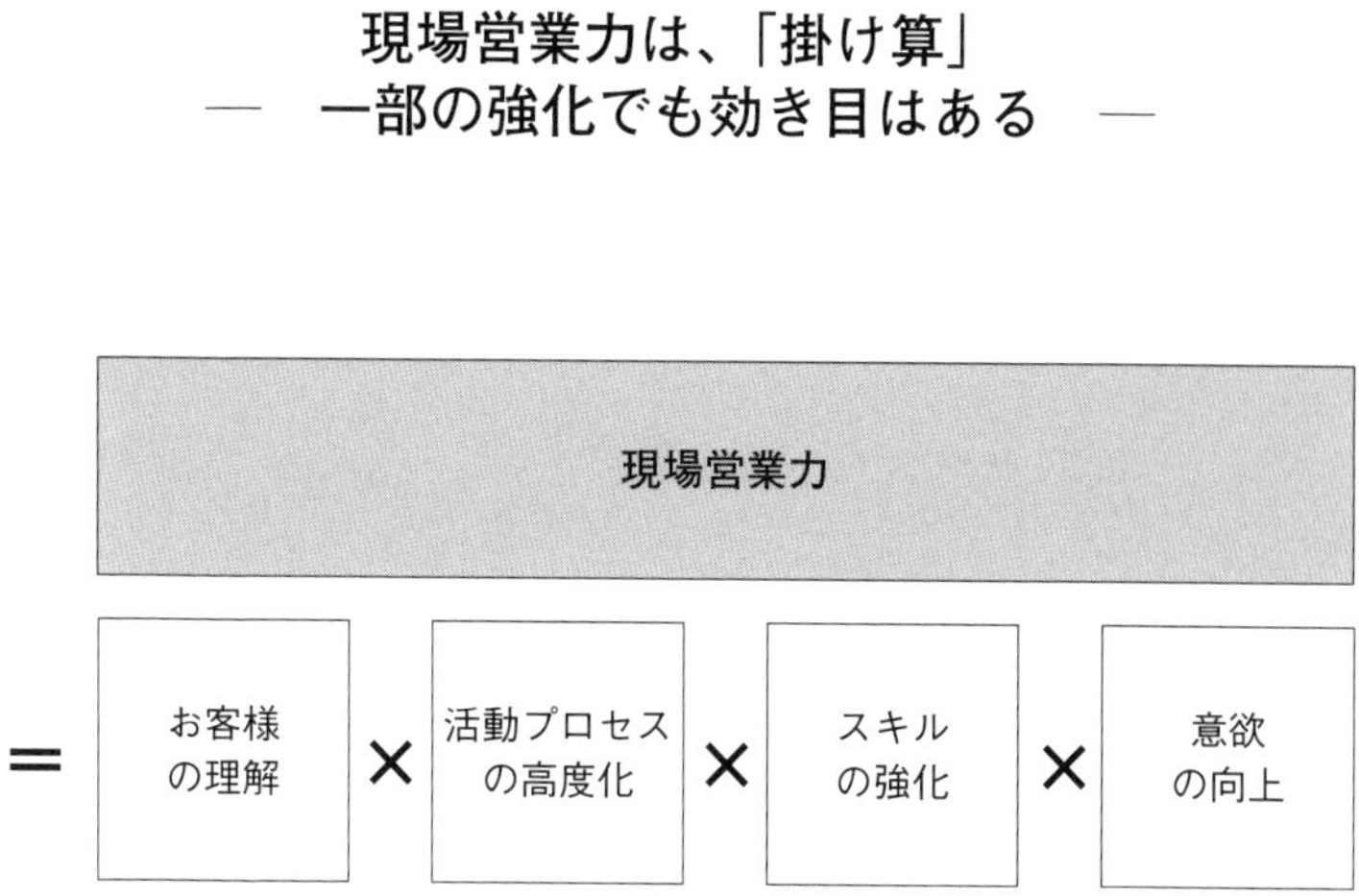
現場営業力は、「掛け算」
—　一部の強化でも効き目はある　—
現場営業力
＝
お客様の理解
×
活動プロセスの高度化
×
スキルの強化
×
意欲の向上

補　論

本部に求められる対応

本書は、営業現場の支店長に向けて書いてきました。

しかし、現場営業力を強化するためには、支店長だけが頑張ればいいわけではありません。そこで、最後に補論として、本部に対応してほしいことについて触れておきます。

1 「でも」を取り除く

支店長と現場営業力の強化についてディスカッションすると、「やるべきことは、理解も納得もできた。でも……」という反応が少なくありません。

本部の役割は、この「でも」を取り除くことです。

多くの「でも」があると思いますが、代表的なものを見ていきましょう。

2 本部主導が望ましいこと

紹介した取組みのなかには、支店長が個別に実施するよりも、本部で統一的に対応したほうが望ましいものもあります。現場営業力を〝アップしよう〟の各項目について、次のものは本部主導で進めてはどうでしょうか。

【お客様の理解】

・「アカウントプラン」（お客様カルテ）のフォーマット作成
・「アカウントプラン」（お客様カルテ）を活用した活動の仕組み構築

【活動プロセスの高度化】

・全行（庫）ノウハウを集約した『勝利の方程式』の策定
・「アカウントプラン」（活動管理表）のフォーマット作成
・『勝利の方程式』と連動した、活動支援ツールの増強

【スキルの強化】

・『勝利の方程式』と連動した、本部研修メニューの充実

【意欲の向上】

・支店長の「志」シートのフォーマット作成

3 本部でなければできないこと

いま紹介したものは、支店長でも対応・補完（たとえば、本部研修でメニューがないので、支店内で研修を実施）できるものの、本部主導のほうが望ましいものです。

一方で、本部でなければできないこともあります。3つ取り上げます。

◇お客様支援への積極的な関与

営業現場が、お客様のことをいままでよりも深く理解できるようになると、支店だけでは対応が困難な、お客様のニーズや悩みに向き合うケースが増えます。それらを「支店内で解決するように」となってしまっては、営業担当者は怖くて動けません。

これまで本部でも対応したことがない相談が、支店からあがってくるかもしれません。それでも食らいつく覚悟と態勢を持って、「どんな球でも投げてこい」と間口を広く構えることが必要です。この姿勢があれば、営業担当者は勇気を持って、お客様に寄り添っていけるでしょう。

もちろん、本部は、すべての相談を自行（庫）のみで解決できる必要はありません。行（庫）内で対応できないものは、外部とのネットワークを活用して、お客様に最適な専門家を紹介することができれば十分です。

◇業績評価の見直し

現場営業力の強化を議論すると、必ず話題になるのが業績評価の問題です。

営業現場は、業績評価で動きます。本部がどれだけ大きな声で「お客様との長期の関係性を構築するように」「お客様の本業に貢献しよう」と指示しても、業績評価が「短期的な刈取り」主体になっていれば、営業現場は「短期的な刈取り」に時間を使います。

営業現場にやってほしい行動・思考と、現在の業績評価とが整合しているか、確認してみてください。整合していないなら、言葉で理想像を指示するだけでなく、評価体系の見直しに踏み込む必要があります。

業績評価の見直しについて、本部からは「営業店の数字（獲得した取引）以外を評価したいという思いはあるけれど、評価するのはむずかしいから、見直しは現実的ではない」という声もよく聞きます。

しかし、事業性評価をはじめとして、本部が営業現場に求めているのは、お客様の「決算書にあらわれない良さを見つけよう」ということのはずです。営業店には、お客様の数字以外を評価するよう指示し、本部は営業店の数字以外の評価がむずかしいから数字主体の評価を続ける、というのはどこかおかしい気がします。

支店間の公平性の担保など、乗り越えなければならない壁があることは理解していますが、業績評価が営業現場の「望ましい」動きを阻害する要因になっているのなら、見直しは不可欠でしょう。

◇営業担当者の業務負荷軽減

営業担当者は、1日に何時間、お客様と面談できているでしょうか。そして、その時間は2年〜3年前と比べて増えていますか、減っていますか。

現場営業力を強化するには、営業担当者の「質」「量」の双方を高めることが必要で、本書は「質」の強化に焦点を当てて見てきました。

一方の「量」を増やすために、本部業務の効率化を行い、営業担当者の頭数を増やす取組みを、多くの地域金融機関で進めています。おおいに進めるべきですが、業務効率化で捻出できた人材が、営業担当者としてそのまま活躍できるとは限りません。捻出した人材のスキル強化策も、別途必要となります。

これとは別に、「量」の観点で即効性ある効果が期待できるのは、いまの営業担当者の営業活動時間（お客様との面談時間）を増やすことです。「質」は、少なくとも現状レベルが担保されたうえで、活動時間の増分が、営業力の強化につながります。

営業担当者の業務を見直す際は、効率化の可能性を一つひとつ積み上げて検討していく手法でもいいですが、最後に効果を集計してみると、思ったほどの時間が捻出できていないことも珍しくありません。

それよりも、「営業活動時間を、現状対比で1時間増やす」といった具体的な目標を先に決めてしまい、捻出すべき時間の目線を経営・関係各部署で共有したうえで業務を見直していくほうが、効果が出やすい（見直しの意思決定につながりやすい）ようです。

いずれにしても、支店長をはじめとした営業現場の努力によって「質」を高めても、それを活かす営業活動時間が少ないのでは、ねらったほどの効果は望めません。思い切った業務の見直しを期待します。

おわりに

「現場営業力の強化」は、私が10年以上にわたり追い続けてきたテーマです。

この間、地域金融機関を取りまく環境は、多少なりとも変化がありました。しかし、「お客様の理解」が大事という根幹は、なんら揺らぐことはなかったと思っています。

近時、異業種プレイヤーによる金融機能の提供が増えてきていますが、地域のお客様のことを正しく理解し、そして寄り添っていくことができるならば、地域金融機関がこれまで培ってきた優位性は維持できると信じています。

現場営業力を〝アップしよう〟のキーワードのもと紹介した内容が、営業現場で頑張る皆様のお役に立つ機会があれば幸いです。

本書は、前著『ザ・地銀』同様に、多くの方に支えられて出版することができました。すべての皆様に、感謝いたします。

言うまでもなく、地域金融機関の何百人という支店長・営業担当者とのディスカッションや、地域金融機関からの紹介でお会いした中小企業の実権者317名へのインタビューが、本書の骨格となっています。お名前を紹介することはできませんが、心より御礼申し上げます。

また、金融庁地域金融企画室・日下智晴室長には、Ａ・Ｔ・カーニーが主催したセミナーでのご講演などを通じて、地方銀行・金融庁、双方の経験から、多くの貴重なアドバイスを頂戴しました。

Ａ・Ｔ・カーニーの同志である、佐藤勇樹さん・矢吹大介さん・竹井友二さん、本書執筆中にアルムナイ（卒業生）となった今野正弘さんとの、地域金融に関する日々のディスカッションも、本書を支えています。ＰＲチームの久々江敦志さんにも完成まで導いてもらいました。

そして、前著の執筆時とは比べものにならないほど短時間で書き上げることができたのは、家族それぞれの頑張る姿を見て、良い刺激を受けたためです。父・秀和、妻・るり子、娘の姫花・桃花にも、感謝の気持ちを贈ります。

さいごに、金融財政事情研究会の谷川治生理事、本書の編集を担当してくださった伊藤雄介次長にも、たいへんお世話になりました。深く御礼申し上げます。

■著者略歴■

高橋　昌裕（たかはし　まさひろ）

A.T. カーニー株式会社
金融プラクティス プリンシパル
慶應義塾大学卒業。生命保険会社で営業企画などの業務に従事したのち、2002年にA.T. カーニー株式会社に入社。現在、金融プラクティス（FIG）リーダーシップメンバーの一員。
これまで携わった全プロジェクトのうち、7割以上が地域金融機関をクライアントとするものであり、地域金融機関に対する豊富なコンサルティング経験を有している。テーマも、「現場営業力の強化」のみならず、「長期ビジョンの策定」「中期経営計画の策定」「ビジネスモデルの検討」「全社変革」「営業戦略の策定」「経営統合支援」「ITマネジメント力の高度化」「業務改革」「コスト削減」など、多岐にわたる。
コンサルティングのほか、講演や研修講師、金融関連紙誌への執筆も多数、行っている。著書に『ザ・地銀――構造不況に打ち克つ長期ビジョン経営』（金融財政事情研究会）がある。

KINZAIバリュー叢書
実践！「現場営業力」強化セミナー

平成28年11月1日　第1刷発行
平成29年2月1日　第4刷発行

著　者　高　橋　昌　裕
発行者　小　田　　　徹
印刷所　株式会社日本制作センター

〒160-8520　東京都新宿区南元町19
発　行　所　**一般社団法人 金融財政事情研究会**
編　集　部　TEL 03(3355)2251　FAX 03(3357)7416
販　　　売　**株式会社 き ん ざ い**
販売受付　TEL 03(3358)2891　FAX 03(3358)0037
URL http://www.kinzai.jp/

ISBN978-4-322-13024-9